DESCIFRANDO LA DECLARACIÓN DE LA RENTA

CÓMO HACER TU DECLARACIÓN SACANDO EL MÁXIMO PROVECHO

EMILY RODRÍGUEZ

BORJA PASCUAL

www.descifrando-declaracion-renta.guiaburros.es

EDITATUM

Te invitamos a registrar la compra de tu libro o *e-book* dándote de alta en el **Club GuíaBurros,** obtendrás directamente un cupón de **2 € de descuento** para tu próxima compra.

Además, si después de leer este libro lo has considerado útil e interesante, te agradeceríamos que hicieras sobre él una **reseña honesta en cualquier plataforma de opinión** y nos enviaras un *e-mail* a **opiniones@guiaburros.es** para poder, desde la editorial, enviarte **como regalo** de nuestra colección.

Sobre los autores

Emily Rodríguez es Licenciada en Administración y Dirección de empresas por la Universidad Rey Juan Carlos con formación en Contabilidad Fiscal, Impuesto sobre Sociedades, IVA e Impuesto Sobre la Renta de las Personas Físicas.

Ha desarrollado su profesión como Asesor Contable y Fiscal durante más de diez años en Asesoría para pymes y autónomos.

Actualmente vive en Logroño y es Responsable del Departamento de Gestores Fiscales y Laborales de Servicios de Asesoría y Gestión Eficiente donde se encarga de gestionar los equipos y de impartir formación fiscal.

Borja Pascual es presidente de la Asociación Nacional de Nuevas Empresas, Roamers, Emprendedores y Autónomos, aNerea. Es fundador y CEO de Gruporum, grupo de empresas dedicadas a ofrecer servicios profesionales.

Informático de profesión, pero siempre más interesado en la gestión de proyectos, en la comunicación y el *marketing,* en el desarrollo de nuevos canales, en la gestión de objetivos y en el desarrollo de nuevas ideas y modelos de negocio.

Agradecimientos

Mi agradecimiento y reconocimiento a mi equipo por hacer del trabajo un lugar donde se combinan la profesionalidad y la calidad humana.

Cada día trabajamos juntos con esfuerzo y dedicación para conseguir los logros que hemos alcanzado.

Emily Rodríguez

Índice

Introducción a la Declaración de la Renta

La Declaración de la Renta es uno de los trámites fiscales más importantes para los contribuyentes en España, ya que implica informar a la Administración Tributaria sobre los ingresos obtenidos a lo largo de un año natural.

A través de este proceso, la Agencia Estatal de Administración Tributaria (AEAT) calcula la cantidad que cada persona física debe pagar en concepto de Impuesto sobre la Renta de las Personas Físicas (IRPF) o, en su caso, la devolución a la que tiene derecho.

Se trata de un mecanismo esencial para garantizar la financiación de los servicios públicos y del Estado del Bienestar, además de fomentar la equidad en el reparto de cargas fiscales.

Para la mayoría de las personas, la Declaración de la Renta es un recordatorio anual de la importancia de la gestión financiera y de la relación entre ingresos, gastos y cargas tributarias.

Aunque las normas concretas pueden variar ligeramente de un año a otro, existen conceptos y obligaciones generales que se mantienen estables.

Por ello, es fundamental conocer las bases del IRPF, tanto en lo que se refiere a la obligación de declarar como a la estructura fundamental del impuesto.

En este primer capítulo, abordaremos de forma general qué es el IRPF y por qué se declara, a quién afecta la obligación de presentar la Declaración de la Renta y qué conceptos clave estructuran este tributo.

De este modo, sentaremos las bases para comprender, en capítulos posteriores, la forma en que se integran las distintas fuentes de ingreso y las deducciones o bonificaciones disponibles, manteniendo una perspectiva global y atemporal que ayude a entender los principios del impuesto independientemente de los posibles cambios normativos que se produzcan en el futuro.

¿Qué es el IRPF y por qué se declara?

El Impuesto sobre la Renta de las Personas Físicas (IRPF) es un tributo de naturaleza personal y directa que grava la totalidad de los ingresos obtenidos por las personas físicas residentes en España durante un año natural.

A grandes rasgos, su finalidad es gravar la capacidad económica de cada contribuyente, aplicando un criterio progresivo. A medida que aumentan los ingresos, el tipo impositivo también se incrementa.

La razón fundamental por la que se declara el IRPF radica en la obligación ciudadana de contribuir, según la capacidad económica de cada uno, a la financiación de los gastos públicos. En este sentido, el IRPF constituye una de las fuentes de ingresos más importantes para el Estado, ya que de él depende buena parte de los recursos destinados a servicios fundamentales, como la sanidad, la educación y las infraestructuras.

Otra razón por la que se declara el IRPF es para asegurar la transparencia y el control de las rentas que percibe cada persona. A través de la Declaración de la Renta, la Administración conoce la situación financiera de los contribuyentes y puede detectar irregularidades o fraudes.

Sin embargo, el objetivo principal no es sancionador, sino informativo y recaudatorio. Se busca garantizar que cada persona aporte de forma justa y proporcional a su nivel de ingresos.

Dentro del IRPF se incluyen diferentes conceptos, como los rendimientos del trabajo (por ejemplo, salarios o pensiones), de actividades económicas (empresariales y profesionales), del capital (tanto mobiliario como inmobiliario), así como ganancias y pérdidas patrimoniales (procedentes de la venta de bienes o inversiones). De esta forma, el IRPF se configura como un impuesto integral que captura la variedad de fuentes de renta que pueden existir en la vida de cada contribuyente.

Obligación de declarar. ¿Quién está exento y quién no?

La obligación de presentar la Declaración de la Renta depende de diversos factores, entre ellos el nivel y la naturaleza de los ingresos obtenidos. En términos generales, todas las personas que perciban rentas por encima de ciertos umbrales establecidos en la normativa están obligadas a declarar. Estos umbrales se fijan con el propósito de eximir a aquellas personas con bajos niveles de renta o con situaciones específicas que justifiquen una menor carga administrativa.

Existen, por tanto, límites anuales de ingresos procedentes de rendimientos del trabajo, de actividades económicas, de ganancias patrimoniales y de otros tipos de renta que marcan la obligación de declarar o la posibilidad de estar exento.

Por ejemplo, si un contribuyente únicamente ha obtenido rendimientos del trabajo por debajo de determinado importe y no ha disfrutado de rentas de otro tipo, es posible que esté exento de presentar la declaración. Sin embargo, si esa misma persona ha obtenido ingresos de capital o ha realizado ventas de bienes, podría verse obligada a declarar aunque la base de sus ingresos sea baja.

Asimismo, hay casos en los que, aun no estando obligado a declarar por superar o no superar un umbral, puede resultar conveniente hacerlo, puesto que se pueden tener deducciones o retenciones que darían lugar a una devolución. Es el caso de quienes han sufrido retenciones por ingresos en el trabajo o en inversiones financieras, y cuyo resultado de la declaración podría salir a su favor.

Otro aspecto importante a tener en cuenta es la residencia fiscal. Se considera que una persona física es residente en España a efectos tributarios si pasa más de 183 días al año en territorio español o si radica en España el núcleo principal o la base de sus actividades o intereses económicos. En este sentido, la residencia fiscal determina que el contribuyente tribute en España por la totalidad de sus rentas, independientemente de dónde se generen.

Por último, hay que recordar que la Agencia Tributaria publica, cada ejercicio, los supuestos concretos de exención u obligatoriedad de declarar, así como los umbrales de ingresos correspondientes. Aunque estos pueden cambiar de un año a otro, el principio general permanece. Quien obtenga rentas sujetas al IRPF, y supere los límites fijados, debe cumplir con la obligación de presentar la Declaración de la Renta.

Estructura general del impuesto. Conceptos clave

Para comprender correctamente la Declaración de la Renta, es esencial familiarizarse con la estructura básica del IRPF y sus principales conceptos. A continuación, se exponen los elementos fundamentales que conforman este impuesto:

Base imponible

La base imponible representa la totalidad de las rentas que obtiene el contribuyente durante el periodo impositivo (el año natural), una vez aplicadas determinadas correcciones y ajustes establecidos por la ley.

Se trata del punto de partida para calcular cuánto se debe pagar. La base imponible se compone de las diferentes categorías de renta. Rendimientos del trabajo, de actividades económicas, de capital mobiliario y de capital inmobiliario, más las ganancias y pérdidas patrimoniales.

Reducciones y deducciones

Antes de llegar a la base liquidable (cantidad sobre la que se aplica la tarifa de gravamen), existen reducciones que minoran la base imponible, como por ejemplo aportaciones a planes de pensiones o pensiones compensatorias.

De manera similar, tras el cálculo de la cuota íntegra, se pueden aplicar ciertas deducciones y bonificaciones que reducen el importe final del impuesto (por ejemplo, deducciones por familia numerosa o por determinadas actividades económicas, entre otras).

En capítulos posteriores veremos de forma global algunos ejemplos de estas reducciones y deducciones, sin entrar al detalle que pueda variar con el tiempo.

Tipo impositivo y tarifa

El IRPF se caracteriza por ser un impuesto progresivo. La ley establece unos tramos, de modo que a los primeros euros de la base liquidable se les aplica un tipo impositivo menor, mientras que a los tramos superiores de renta se les aplica un tipo más alto. Esta tarifa puede variar a lo largo del tiempo y, además, existe un reparto competencial entre el Estado y las Comunidades Autónomas que permite a estas últimas establecer su parte de la escala. El resultado es la aplicación de un tipo medio efectivo acorde con los ingresos totales de cada persona.

Retenciones y pagos a cuenta

La retención es un pago anticipado del impuesto que se descuenta en el momento en que se generan los ingresos. Los empleadores o pagadores (en el caso de dividendos o intereses bancarios, por ejemplo) retienen una parte de los ingresos del contribuyente y la ingresan en la Agencia Tributaria en su nombre. Estas cantidades, junto con los pagos fraccionados en el caso de autónomos, sirven para que el contribuyente no tenga que abonar toda la cantidad de IRPF al final del ejercicio.

Al presentar la declaración, se hace el ajuste final. Si las retenciones fueron superiores a la cuota a pagar, se genera una devolución, mientras que si fueron inferiores, habrá que abonar la diferencia.

Parte estatal y parte autonómica

El IRPF es un impuesto parcialmente cedido a las Comunidades Autónomas, de modo que parte de la recaudación corresponde al Estado y otra parte a cada autonomía.

Esta cesión implica que las Comunidades Autónomas pueden establecer ciertos tipos de gravamen, así como aplicar deducciones adicionales o ventajas fiscales específicas. Por ello, la carga fiscal puede variar en función de la Comunidad Autónoma de residencia del contribuyente.

Liquidación y resultado final

Una vez que se determinan los ingresos totales, se aplican reducciones y deducciones, y se calculan las retenciones practicadas, se obtiene el resultado de la declaración. Puede ser a ingresar (si las retenciones han sido insuficientes) o a devolver (si las retenciones superan lo que el contribuyente debía pagar).

En caso de que salga a ingresar, el contribuyente debe efectuar el pago en los plazos y modalidades establecidos (domiciliación, pago fraccionado, etc.). Si, por el contrario, el resultado es a devolver, la Agencia Tributaria procederá a ingresar la diferencia en la cuenta bancaria del declarante antes del 31 de diciembre para hacer la devolución y de no realizarla se deberán abonarar intereses de demora.

Conclusiones

La Declaración de la Renta es el mecanismo a través del cual se materializa la obligación de contribuir al sostenimiento de los gastos públicos de acuerdo con la capacidad económica de cada persona.

Conocer las bases de este tributo resulta fundamental para cumplir con la normativa, evitar sanciones y, sobre todo, aprovechar las posibilidades de ahorro y beneficios fiscales disponibles legalmente.

En este capítulo hemos visto que el IRPF es un impuesto personal y progresivo, que grava la suma de las diferentes rentas obtenidas en un año y cuya finalidad principal es financiar los servicios públicos. Además, hemos revisado los principios generales sobre quiénes están obligados a declarar (atendiendo a los distintos umbrales de ingresos y fuentes de renta) y las razones por las que, incluso no estando obligado, puede resultar ventajoso presentar la declaración.

Por último, hemos esbozado la estructura general del IRPF, señalando sus principales partes. La base imponible, la base liquidable, los tipos de gravamen, las retenciones y los pagos a cuenta, así como las particularidades derivadas de la coexistencia de la parte estatal y la autonómica.

Estos conceptos clave serán de ayuda para entender, en capítulos posteriores, cómo tributan las distintas fuentes de ingresos y cuáles son las deducciones y bonificaciones que, manteniéndose de forma global a lo largo del tiempo, pueden variar en su cuantía o condiciones cada ejercicio.

De este modo, la Declaración de la Renta se convierte en un ejercicio anual de responsabilidad fiscal y de conocimiento de la propia economía, así como de alineación con la normativa vigente para contribuir al bien común.

Las fuentes de ingresos sujetos a IRPF

En el Impuesto sobre la Renta de las Personas Físicas (IRPF), es esencial identificar correctamente las diferentes fuentes de ingresos que pueden gravarse a lo largo de un ejercicio.

La ley clasifica estos ingresos en distintas categorías, con normas específicas para cada una de ellas.

Así, la estructura básica del IRPF integra los rendimientos del trabajo, los rendimientos de actividades económicas y profesionales, los rendimientos del capital (tanto mobiliario como inmobiliario), las ganancias y pérdidas patrimoniales, así como otras rentas que, aunque no encajen perfectamente en las categorías anteriores, también se someten a tributación.

El objetivo principal al identificar y clasificar las rentas dentro del IRPF es garantizar una tributación justa y proporcional a la capacidad económica real de cada contribuyente. De este modo, la Administración Tributaria logra una visión lo más completa posible de las fuentes de renta que genera la actividad personal y patrimonial de los individuos.

En este segundo capítulo realizaremos una introducción general a cada una de estas categorías. Más adelante, en capítulos dedicados en profundidad a cada bloque, exploraremos las particularidades, exenciones y normativas específicas que rigen su cálculo, su integración en la declaración y las deducciones o bonificaciones que correspondan.

Rendimientos del trabajo

Dentro de las fuentes de ingresos sujetas a IRPF, los rendimientos del trabajo constituyen una de las partidas más frecuentes y significativas en la declaración de la mayoría de los contribuyentes. Se incluyen aquí los salarios obtenidos por cuenta ajena, las pensiones, las prestaciones por desempleo, las retribuciones en especie y en general cualquier ingreso derivado de una relación laboral o estatutaria.

Los rendimientos del trabajo se caracterizan, esencialmente, por la dependencia laboral que los genera.

Esto implica que el trabajador se encuentra bajo la dirección o subordinación de un empleador o de un pagador, a cambio de una contraprestación económica, que puede ser íntegramente monetaria o incluir beneficios en especie (por ejemplo, uso de un vehículo de empresa o vales de comida).

Por su volumen y por la frecuencia de las retenciones a cuenta que se practican mensualmente, los rendimientos del trabajo suelen determinar gran parte del resultado de la declaración de la renta.

Normalmente, el empleador retiene una porción del salario bruto para ingresarla en la Agencia Tributaria en nombre del trabajador.

Este mecanismo, conocido como retención de IRPF, busca evitar que el trabajador deba asumir un gran pago al finalizar el año y, a la vez, garantiza que la Administración reciba ingresos de forma continuada.

A lo largo de este libro profundizaremos en las particularidades de los rendimientos del trabajo, las posibles exenciones (como algunas rentas obtenidas por trabajos en el extranjero o indemnizaciones) y las deducciones asociadas a esta fuente de ingresos.

Sin embargo, aquí basta con subrayar que la categoría de rendimientos del trabajo agrupa cualquier retribución económica generada por la actividad laboral, y que su tratamiento es nuclear en la Declaración de la Renta de buena parte de la población.

Rendimientos de actividades económicas y profesionales

Otra fuente de ingresos que suele suscitar un considerable interés y, a menudo, cierta complejidad tributaria, son los rendimientos derivados de actividades económicas y profesionales.

Se incluyen en este grupo los ingresos que perciben los autónomos, los socios de determinadas sociedades, los profesionales liberales y, en general, cualquier persona que realice una actividad por cuenta propia con organización de medios y responsabilidad directa sobre su ejercicio.

El hecho de tributar por rendimientos de actividades económicas implica que el contribuyente no se encuentra en un marco de dependencia laboral frente a un empleador. En lugar de ello, asume el riesgo y ventura de su propia actividad, emite facturas por los servicios prestados o los bienes vendidos, y está sujeto a diversas obligaciones formales, como llevar la contabilidad y presentar pagos fraccionados en ciertos supuestos.

Dentro de esta categoría también se incluye el llamado régimen de estimación directa (tanto normal como simplificada), así como el régimen de estimación objetiva o módulos, que en determinados sectores (hostelería, transporte, agricultura, etc.) permite calcular la base imponible de manera más sencilla, atendiendo a parámetros fijos y no a la contabilidad real.

Cabe destacar que la gestión y planificación de los rendimientos de actividades económicas y profesionales pueden ser especialmente relevantes de cara a la declaración, pues existen gastos deducibles, amortizaciones e incentivos fiscales que ayudan a determinar la base imponible final.

La normativa suele actualizarse a lo largo del tiempo, por lo que es crucial mantenerse al día, especialmente si se ejerce una actividad empresarial o profesional de manera habitual.

Rendimientos del capital mobiliario e inmobiliario

Además de las retribuciones por trabajo o por actividades empresariales, es habitual que las personas físicas obtengan rendimientos procedentes de su patrimonio, ya sea financiero (capital mobiliario) o inmobiliario (viviendas, locales, fincas).

En ambos casos, los rendimientos del capital se someten al IRPF con reglas específicas, aunque se agrupan en la denominada base del ahorro, con tipos de gravamen diferentes a los aplicados en la base general (salvo determinadas excepciones que pueden cambiar en función de la normativa vigente en cada momento).

- **Rendimientos del capital mobiliario.** Incluyen, por ejemplo, intereses de cuentas bancarias, dividendos de acciones, rendimientos de bonos y obligaciones, así como las plusvalías generadas por determinados instrumentos financieros. También se consideran rendimientos del capital mobiliario los procedentes de seguros de vida y los planes de ahorro a largo plazo, con matices y condiciones específicas.
- **Rendimientos del capital inmobiliario.** Se agrupan aquí los ingresos que un contribuyente obtiene por el alquiler de inmuebles, ya se trate de viviendas, locales comerciales u otros bienes inmuebles. Para calcular el rendimiento neto, deben considerarse los ingresos íntegros menos los gastos deducibles, como gastos de comunidad, suministros, impuestos locales (IBI), seguros o amortizaciones. No obstante, la ley establece límites y condiciones concretas, de modo que, según la normativa de cada ejercicio, no todos los gastos pueden deducirse en su totalidad o de la misma manera.

En ambos casos, estos rendimientos se integran en la declaración de la renta atendiendo a reglas de imputación temporal (es decir, cuándo se entiende devengado el rendimiento) y de gasto deducible.

Su tratamiento fiscal suele ser algo diferente del de los rendimientos del trabajo o de actividades económicas, por lo que conviene conocer en líneas generales cómo se declara cada uno para no incurrir en errores y para aprovechar, cuando proceda, las deducciones o reducciones establecidas.

Ganancias y pérdidas patrimoniales

Las ganancias y pérdidas patrimoniales representan otra categoría esencial en el IRPF y, generalmente, están vinculadas a la compraventa o transmisión de bienes y derechos.

Estas pueden originarse, por ejemplo, en la venta de un inmueble, la transmisión de acciones en bolsa, la participación en fondos de inversión o la cesión de determinados derechos (pensemos en una concesión administrativa o en la cesión de derechos de autor).

La mecánica habitual para determinar una ganancia o pérdida patrimonial consiste en comparar el valor de adquisición (lo que costó el bien o derecho en el momento de adquirirlo, más gastos asociados) y el valor de transmisión (lo que se ha percibido al vender o ceder el bien, menos gastos de transmisión).

La diferencia positiva constituye una ganancia patrimonial y la negativa, una pérdida patrimonial.

A grandes rasgos, las ganancias y pérdidas patrimoniales se integran en la base del ahorro o en la base general, dependiendo de la naturaleza de la renta y del periodo de generación.

Por ejemplo, la transmisión de una vivienda habitual con determinadas condiciones puede disfrutar de exenciones; mientras que las operaciones con acciones suelen tributar con los tipos del ahorro.

Es un ámbito complejo donde la planificación fiscal puede marcar una gran diferencia.

En este libro abordaremos las principales pautas para clasificar y declarar estas ganancias y pérdidas, haciendo hincapié en la importancia de llevar un registro cuidadoso de las adquisiciones y transmisiones.

Dada la versatilidad de los activos que pueden generar plusvalías o minusvalías, es especialmente recomendable informarse antes de realizar operaciones importantes o de participar en productos de inversión.

Otras rentas a considerar (subvenciones, ayudas, indemnizaciones, etc.)

Por último, la ley del IRPF contempla un grupo de rentas que, sin encajar estrictamente en las categorías anteriores, forman parte de los ingresos que pueden integrar la base imponible.

Entre estas, se incluyen las subvenciones y ayudas públicas recibidas (por ejemplo, para la adquisición de viviendas, para fines agrícolas o para proyectos empresariales), determinadas indemnizaciones (laborales, por daños y perjuicios, etc.), premios de loterías internacionales no exentas y otras rentas puntuales que, por su naturaleza, no tienen una clasificación tan evidente.

La regla general indica que, si el dinero recibido incrementa la capacidad económica del contribuyente, ha de declararse. Sin embargo, cada tipo de ayuda, subvención o indemnización puede tener un tratamiento específico. Algunas están exentas total o parcialmente, otras se consideran ganancias patrimoniales, y otras pueden clasificarse como rendimientos del trabajo si derivan de una relación laboral.

Tener conciencia de estas particularidades es relevante, ya que muchos contribuyentes pueden percibir ayudas puntuales o indemnizaciones a lo largo de su vida y desconocer la forma correcta de declararlas.

Aunque no siempre se trate de importes elevados, sí pueden tener un impacto en el resultado de la declaración o, en caso de no declararse adecuadamente, pueden dar lugar a requerimientos y sanciones de la Administración.

Reflexiones finales

Como hemos podido ver, el IRPF abarca un abanico amplio de rentas, que refleja la diversidad de fuentes de ingresos en la economía personal.

Desde el salario de un trabajador por cuenta ajena hasta la plusvalía generada por la venta de un inmueble, pasando por los rendimientos de un negocio familiar o los dividendos de unas acciones, todas estas rentas contribuyen a la determinación de la capacidad económica del contribuyente. Conocer las distintas categorías de rentas y su integración en la declaración es, por tanto, indispensable para cumplir las obligaciones fiscales y, a la vez, aprovechar de manera legítima las reducciones, deducciones o exenciones contempladas en la ley. Además, la experiencia muestra que la planificación a lo largo del año (o incluso en ejercicios anteriores) puede marcar una diferencia notable en la factura fiscal final.

En los capítulos posteriores, profundizaremos en cada uno de estos grupos de rentas, describiendo los requisitos, los límites y las particularidades que han de tenerse en cuenta para confeccionar correctamente la Declaración de la Renta. De esta forma, el contribuyente podrá contar con una visión detallada y actualizada, aplicable a diversos supuestos y adaptable a las novedades legales que se introduzcan con el paso del tiempo.

La idea que subyace a esta clasificación de las fuentes de renta es que cada tipo de ingreso tenga su propio marco normativo, porque no todos los rendimientos nacen de la misma forma ni conllevan las mismas implicaciones económicas o sociales.

Al final, el IRPF, como un impuesto personal y progresivo, busca gravar al contribuyente en la medida de su capacidad de pago, equilibrando los principios de justicia tributaria y eficiencia recaudatoria.

Con este panorama general, contamos con los cimientos necesarios para adentrarnos en el detalle de cada clase de ingreso. Resulta fundamental recordar que, aunque la ley establece unos criterios estables, existen matices y excepciones que pueden cambiar con la evolución de la normativa. Por ello, es aconsejable mantenerse informado y, en caso de duda o de operaciones de cierta complejidad, recurrir a asesoramiento especializado.

A medida que avancemos en las próximas secciones del libro, iremos desgranando los aspectos que permiten calcular adecuadamente cada rendimiento, los gastos o retenciones que pueden descontarse, los porcentajes de retención que se aplican en cada caso y las ventajas fiscales que resulten relevantes.

Con este conocimiento, el contribuyente podrá presentar su declaración con mayor seguridad, confiando en que su tributación refleja de forma fiel y completa su realidad económica.

Rendimientos del trabajo

Dentro del Impuesto sobre la Renta de las Personas Físicas (IRPF), los rendimientos del trabajo constituyen una de las categorías más habituales y, a la vez, más relevantes para la mayoría de contribuyentes.

Estos rendimientos abarcan cualquier ingreso derivado de una relación laboral o estatutaria, es decir, cuando el trabajador o empleada se encuentra en situación de dependencia y recibe una remuneración por parte de su empleador.

En este capítulo, profundizaremos en los aspectos fundamentales de las nóminas, las retenciones y las pagas extras; también abordaremos algunas situaciones especiales que pueden alterar la forma de declarar (como desempleo, ERTE, jubilación o becas), y veremos cómo revisar y confirmar los datos que proporciona la empresa antes de confeccionar la declaración de renta.

Aspectos fundamentales. Nóminas, retenciones, pagas extras.

La nómina y sus componentes

La nómina es el documento que refleja el salario y las retribuciones en especie que el empleador abona al trabajador como contraprestación a su labor.

Suele estar desglosada en varios conceptos que, en conjunto, determinan cuál es el salario bruto y, posteriormente, el salario neto que el trabajador recibirá.

Entre estos conceptos, podemos encontrar:

- **Salario base.** Cantidad mínima estipulada por convenio o por contrato que corresponde a la categoría profesional o puesto de trabajo.
- **Complementos salariales.** Incluyen antigüedad, plus de transporte, plus de peligrosidad, incentivos por productividad, dietas (si están sujetas a tributación) o cualquier otro complemento pactado en el contrato o en el convenio colectivo.
- **Horarios extraordinarios.** Si el trabajador realiza horas extra, esta partida puede incluirse en la nómina con la correspondiente retribución adicional, sujeta también a IRPF y cotizaciones sociales.
- **Retribución en especie.** Si el trabajador disfruta de un coche de empresa, tickets restaurante, seguro de salud o cualquier beneficio similar, parte de su remuneración puede ser en especie. Dependiendo del tipo de retribución, puede implicar una valoración específica a efectos fiscales.

Una vez sumados todos estos conceptos, obtenemos el salario bruto, sobre el cual se aplican las cotizaciones a la Seguridad Social a cargo del trabajador y las retenciones de IRPF.

El resultado es el salario neto, que es la cantidad final que el trabajador recibe en su cuenta bancaria.

Las retenciones de IRPF

Las retenciones del IRPF son un mecanismo de pago anticipado del impuesto. El empleador calcula, de acuerdo con la normativa vigente y la información que el propio trabajador le haya proporcionado (estado civil, número de hijos, etc.), qué porcentaje de IRPF se debe retener en cada nómina. De este modo, mensualmente, el trabajador va contribuyendo a la financiación pública y evita afrontar un pago excesivo de golpe al presentar la declaración anual.

El porcentaje de retención puede variar de un trabajador a otro en función de sus circunstancias personales y familiares, el tipo de contrato, la cuantía anual prevista de ingresos y otros factores. Por ello, es importante que el trabajador actualice su situación cuando cambien aspectos relevantes (nacimiento de hijos, cambio de estado civil, etc.).

Si al finalizar el ejercicio fiscal las retenciones aplicadas superan la cuota definitiva del IRPF, el contribuyente recibirá una devolución por parte de la Agencia Tributaria. Si, por el contrario, han sido insuficientes, deberá abonar la diferencia.

Las pagas extras

En algunos convenios colectivos, los trabajadores tienen derecho a dos pagas extraordinarias al año (normalmente en verano y Navidad). En ocasiones, estas pagas están prorrateadas de modo que, mensualmente, el trabajador percibe una cantidad adicional que, de otro modo, recibiría de forma acumulada. A efectos de IRPF, estas pagas extras forman parte de los rendimientos del trabajo, y por tanto se someten a retención de la misma forma que el salario mensual.

Es importante que el contribuyente no confunda el cobro de pagas extras con la obligación de presentar o no la declaración. Forman parte del cómputo total de ingresos y, en conjunto, determinan si se superan o no los umbrales que obligan a declarar.

Situaciones especiales. Desempleo, ERTE, jubilación, becas

Prestaciones por desempleo

Cuando un trabajador se queda sin empleo, tiene derecho (en caso de cumplir los requisitos) a percibir una prestación por desempleo o subsidio.

Estas cuantías, pagadas por el Servicio Público de Empleo Estatal (SEPE), se consideran rendimientos del trabajo a efectos de IRPF. Por tanto, llevan aparejadas retenciones (si la cuantía supera ciertos niveles) y deben declararse como ingresos en la campaña de la renta.

Es frecuente que en la prestación por desempleo se aplique un tipo de retención muy bajo o, incluso, que no se practique retención si la cantidad es muy reducida.

En estos casos, es bastante común que, al presentar la declaración, resulte un importe a ingresar, precisamente porque durante los meses de desempleo no se había cubierto la totalidad de la cuota que correspondía.

ERTE
(Expediente de Regulación Temporal de Empleo)

En los últimos años, los ERTE han adquirido una gran relevancia. Se trata de un mecanismo que permite a las empresas suspender temporalmente el contrato de sus empleados o reducir su jornada, de modo que la Seguridad Social y el SEPE cubran parte de los salarios.

Desde el punto de vista del IRPF, la prestación que recibe el trabajador durante el periodo de ERTE también se considera un rendimiento del trabajo, si bien proviene directamente del SEPE.

Tal como ocurre con la prestación por desempleo, es posible que las retenciones sean inferiores a las que el trabajador venía soportando. Por este motivo, si se ha estado en ERTE durante un ejercicio fiscal, es recomendable revisar las retenciones y prepararse para el resultado de la declaración de la renta, que podría ser a pagar si las cantidades retenidas han sido escasas.

Jubilación

Las pensiones de jubilación que abona la Seguridad Social también se consideran rendimientos del trabajo, en la medida en que sustituyen a los ingresos que el ciudadano percibía durante su vida laboral activa.

Salvo algunas pensiones no contributivas (que suelen tener un régimen distinto y pueden estar exentas), lo habitual es que la pensión de jubilación tribute íntegramente, practicándose la correspondiente retención de IRPF en origen.

En el caso de quienes perciben planes de pensiones privados, al rescatar esos fondos también se generan rendimientos del trabajo, en tanto que el plan de pensiones funciona como un diferimiento fiscal.

Según cómo se rescate el plan (en forma de capital o en forma de renta), la tributación puede variar ligeramente, pero siempre se integra en la base general del IRPF.

Becas

Las becas otorgadas para cursar estudios o para la investigación pueden tener tratamientos fiscales diversos según su naturaleza. Muchas becas públicas o de entidades sin ánimo de lucro destinadas a estudios reglados están exentas de tributación, siempre que no excedan de los límites establecidos por la normativa.

Sin embargo, hay becas que sí generan rendimientos del trabajo, por ejemplo, aquellas destinadas a formación práctica o que se asimilan a un contrato laboral encubierto (como algunas becas de investigación con retribución económica significativa).

Para determinar si una beca en concreto está sujeta o no a IRPF, es fundamental revisar la normativa aplicable en el momento de su concesión y, sobre todo, leer con atención las condiciones establecidas en la resolución que la otorga.

En caso de duda, lo mejor es consultar con un profesional o directamente con la Agencia Tributaria.

Cómo revisar y confirmar los datos de la empresa

Comunicación de datos personales y familiares

La correcta retención de IRPF durante el año depende, en buena medida, de la información que el trabajador facilita a la empresa.

Antes de confeccionar cada nómina, el empleador aplica las tablas de retención de IRPF vigentes, cruzando la previsión anual de ingresos con la situación familiar (número de hijos a cargo, discapacidad, etc.) y con otros datos relevantes (contratos temporales, pluriempleo, entre otros).

Por ello, es indispensable que el trabajador comunique cualquier cambio que pueda afectar a su retención. Nacimiento o adopción de hijos, alteraciones en la situación conyugal (matrimonio, divorcio), existencia de otros ingresos simultáneos, etc.

Una comunicación tardía o inexistente puede derivar en retenciones incorrectas y, en consecuencia, en sorpresas al hacer la declaración de la renta.

Certificado de retenciones

Al finalizar el año, la empresa debe proporcionar al trabajador un certificado de retenciones, documento que detalla los importes pagados en concepto de salario bruto, las retribuciones en especie y las retenciones de IRPF practicadas.

Dicho certificado es fundamental para confeccionar la declaración de la renta, ya que permite al contribuyente verificar la cuantía total de sus ingresos y las cantidades que ya ha ido adelantando a la Agencia Tributaria.

Aunque cada vez más la Agencia Tributaria ofrece datos fiscales precargados en sus herramientas de declaración (como Renta Web), es aconsejable contrastar dichos datos con el certificado de retenciones. De este modo, se evitan incongruencias y se corrigen posibles errores que pudiera arrastrar la administración.

Incongruencias y reclamaciones

En caso de detectar discrepancias entre los datos del certificado y los que aparecen en la información que la Agencia Tributaria proporciona, el contribuyente deberá cerciorarse de cuál de las dos fuentes contiene el error.

A veces, el problema puede residir en la forma en que la empresa ha comunicado las retenciones o en un error de gestión interna; otras, en la información que la Agencia Tributaria ha recibido de distintas fuentes.

Si la empresa ha cometido un error, se debe solicitar un certificado de retenciones rectificado.

Si se cree que la Agencia Tributaria ha contabilizado de forma incorrecta los ingresos, se puede corregir al confirmar la declaración, siempre y cuando el contribuyente disponga de la documentación que justifique la rectificación.

La importancia de la revisión final

Antes de presentar la declaración, resulta esencial revisar todos los datos relativos a los rendimientos del trabajo.

Dado que para muchos contribuyentes esta categoría puede suponer la mayor parte de sus ingresos, cualquier error u omisión podría impactar significativamente en el resultado final (ya sea a devolver o a ingresar).

Además, en caso de tener más de un pagador (por ejemplo, si se cambió de trabajo durante el año o si se ha cobrado a la vez nómina y prestación por desempleo), se debe prestar especial atención a las cantidades percibidas por cada uno y a las retenciones aplicadas.

Por lo general, cuando hay más de un pagador, el umbral que obliga a declarar se reduce, y las retenciones pueden quedar desajustadas respecto a la cuota final del IRPF. De ahí la importancia de revisar minuciosamente cada fuente de ingresos.

Conclusiones

Los rendimientos del trabajo son, con diferencia, la categoría más extendida de ingresos en el IRPF y representan el núcleo de la declaración para quienes se encuentran en una relación laboral o reciben pensiones u otras prestaciones públicas.

Entender cómo se calculan los sueldos, qué conceptos incluyen, de qué manera influyen las retenciones y cuáles son las peculiaridades de las pagas extras o las retribuciones en especie es básico para no llevarse sorpresas al presentar la declaración.

Situaciones especiales como el desempleo, los ERTE, la jubilación o las becas añaden matices y reglas específicas que pueden cambiar el resultado de la declaración.

Por ejemplo, unas retenciones excesivamente bajas en la prestación por desempleo o en la pensión de jubilación podrían derivar en un resultado a ingresar, por lo que siempre conviene analizar la posibilidad de solicitar un incremento voluntario de la retención para evitar sustos en la campaña de la renta.

Por último, la revisión de los datos que la empresa comunica a la Agencia Tributaria y la comparación con el certificado de retenciones ayudan a verificar que no existan errores. Este paso, aunque parezca obvio, es esencial para que el contribuyente presente la declaración de forma precisa.

Hoy en día, muchos contribuyentes optan por confirmar el borrador de la Agencia Tributaria sin comprobarlo a fondo, y eso puede conducir a presentar declaraciones incorrectas, con el riesgo de posteriores requerimientos o sanciones.

En definitiva, conocer los elementos clave de los rendimientos del trabajo, desde la estructura de la nómina hasta las retenciones y la revisión de datos, es el primer gran paso para una declaración de la renta libre de errores y ajustada a la realidad económica de cada persona.

Conforme avancemos en los siguientes capítulos y profundicemos en otros tipos de renta, será evidente que una gestión ordenada y consciente de la información salarial es la base de un cumplimiento fiscal sólido y, en muchos casos, la vía para optimizar y racionalizar la tributación en el IRPF.

Rendimientos de actividades económicas

Dentro del Impuesto sobre la Renta de las Personas Físicas (IRPF), los rendimientos de actividades económicas ocupan un lugar destacado, especialmente en el caso de autónomos, profesionales liberales y, en general, de toda persona que desarrolle un negocio o profesión por cuenta propia.

A diferencia de los rendimientos del trabajo, donde existe una relación de dependencia con un empleador, los rendimientos de actividades económicas se generan cuando el contribuyente asume directamente el riesgo de la actividad, prestando servicios o comercializando bienes bajo su propia organización y responsabilidad.

En este capítulo profundizaremos en la definición y clases de actividades económicas, abordaremos los métodos de tributación existentes (estimación directa y estimación objetiva), repasaremos las obligaciones formales que conllevan y, finalmente, describiremos los pagos fraccionados e incentivos fiscales más comunes.

Esta visión general permitirá a cualquier contribuyente entender mejor qué supone darse de alta como profesional o empresario, cuáles son los deberes formales y qué mecanismos existen para cumplir con la normativa de forma óptima.

Definición y tipos de actividades económicas

Definición general

Se consideran actividades económicas aquellas que implican la ordenación por cuenta propia de medios humanos y materiales —o de uno solo de ellos— con el fin de intervenir en la producción o distribución de bienes o servicios.

En otras palabras, hablamos de todo negocio o profesión cuyo titular asume la iniciativa y el riesgo de su actividad, facturando de manera independiente a sus clientes y gestionando, por su cuenta, los recursos necesarios.

Esta definición excluye las relaciones laborales (regidas por un contrato de trabajo y con subordinación al empleador) y se centra en aquellas formas de ejercer una actividad por cuenta propia.

El IRPF establece varios epígrafes en el Impuesto sobre Actividades Económicas (IAE) que, a su vez, sirven de referencia para determinar la actividad concreta a la que se dedica cada contribuyente.

Tipos de actividades

Dentro de las actividades económicas se distinguen principalmente tres grandes bloques:

Actividades empresariales o comerciales: son aquellas dedicadas a la producción, comercialización o distribución de bienes y servicios. Incluyen, por ejemplo, comercios minoristas, bares, restaurantes, talleres de reparación, negocios de venta *online,* empresas de transporte, etc.

Actividades profesionales o liberales: agrupan los servicios prestados por autónomos que trabajan en profesiones de carácter técnico, artístico o científico. Ejemplos típicos son abogados, arquitectos, médicos, consultores, diseñadores gráficos o periodistas *freelance.* Por regla general, estas actividades requieren colegiación o habilitación específica, aunque no siempre es imprescindible.

Actividades agrarias, ganaderas, forestales y pesqueras: son aquellas relacionadas con la explotación de la tierra y de los recursos naturales: agricultura, ganadería, silvicultura y pesca. Tienen un régimen fiscal particular, sobre todo en cuanto a la posibilidad de acogerse a módulos (estimación objetiva) y a la existencia de ayudas o subvenciones específicas.

La distinción entre actividad empresarial y actividad profesional no siempre es tajante, pues depende de cómo esté catalogada en el IAE y de la naturaleza del servicio.

No obstante, es fundamental para determinadas obligaciones formales, como la retención en las facturas que emite un profesional (por ejemplo, un abogado) frente a las que emite un comerciante (por ejemplo, una tienda de ropa).

Métodos de tributación (estimación directa, estimación objetiva, etc.)

Estimación directa

La estimación directa es el método general para calcular los rendimientos de actividades económicas en el IRPF.

Se basa en determinar la diferencia entre ingresos y gastos deducibles reales durante el periodo impositivo, lo que refleja con mayor exactitud el resultado económico de la actividad.

Dentro de la estimación directa hay dos modalidades:

- **Estimación directa normal.** Es el régimen general cuando se superan ciertos límites de facturación o cuando no se cumplen los requisitos para la modalidad simplificada. Implica llevar una contabilidad más completa (cuentas anuales, libro de balances, libro de registro de ventas e ingresos, libro de registro de compras y gastos, etc.).
- **Estimación directa simplificada.** Se aplica a actividades con un volumen de negocio que no exceda de un límite establecido (que puede variar con el tiempo) y que cumplan determinados requisitos. La simplificación afecta, sobre todo, al tipo de contabilidad exigida y a la forma de determinar ciertos gastos, como amortizaciones.

La estimación directa exige una gestión rigurosa de la facturación y de los gastos. Se pueden deducir aquellos gastos que estén directa y exclusivamente relacionados con la actividad, sean necesarios para obtener ingresos y estén debidamente justificados con facturas o documentos equivalentes.

Entre estos gastos se incluyen el alquiler del local, suministros, seguros, sueldos de empleados, cuotas de la Seguridad Social, amortizaciones de bienes de inversión, etc.

Estimación objetiva (módulos)

El régimen de estimación objetiva, popularmente conocido como "módulos", está destinado a determinados sectores de actividad (sobre todo pequeños comercios, hostelería, taxistas, agricultura) que cumplan ciertos requisitos de facturación y de personal empleado.

En este régimen, en lugar de tributar sobre los ingresos y gastos reales, se determina un rendimiento neto calculado a partir de unos parámetros objetivos —por ejemplo, metros cuadrados del local, número de mesas, potencia fiscal del vehículo, etc.—, establecidos por ley y revisados periódicamente.

La gran ventaja de los módulos es su sencillez administrativa. No se requiere llevar una contabilidad exhaustiva de los ingresos y gastos, ya que la cuota de IRPF se fija en base a los parámetros.

No obstante, para muchos contribuyentes, la estimación objetiva puede resultar poco conveniente si su actividad real fluctúa significativamente o si los costes superan la media prevista por los indicadores, ya que no se permite deducir gastos reales como se haría en estimación directa.

Otras consideraciones

Es importante mencionar que no todas las actividades pueden acogerse a la estimación objetiva. La normativa publica cada año o periodo los límites y las actividades incluidas, pudiendo excluir actividades que antes estaban incluidas o estableciendo nuevos requisitos.

Asimismo, es posible renunciar voluntariamente a módulos y pasarse a estimación directa, aunque dicha renuncia suele implicar mantenerse en estimación directa durante varios ejercicios.

Obligaciones formales, libros y registros

Libros contables y registros en estimación directa

Quienes tributen en estimación directa —tanto en la modalidad normal como en la simplificada— deben llevar ciertos libros o registros con el fin de justificar adecuadamente sus ingresos y sus gastos. Entre los principales:

- **Libro de registro de ventas e ingresos.** Recoge de manera ordenada todas las facturas emitidas y los cobros asociados.
- **Libro de registro de compras y gastos.** Donde se detallan las adquisiciones de bienes y servicios, así como el IVA soportado, cuando proceda.
- **Libro de registro de bienes de inversión.** Obliga a anotar las adquisiciones de inmovilizado (máquinas, mobiliario, ordenadores, etc.) y su posterior amortización a lo largo de los años.

En la estimación directa normal, además, se exigen libros contables más completos, como el libro diario o el libro de cuentas anuales, similares a los que se exigen en el ámbito mercantil si se trata de sociedades.

Por su parte, la estimación directa simplificada relaja algunos requisitos, aunque la necesidad de documentar cada ingreso y gasto sigue siendo fundamental.

Libros en estimación objetiva

En el régimen de módulos, las exigencias de contabilidad y registro suelen ser menores, pero aún así es necesario llevar un libro de registro de ventas o de ingresos para poder justificar, ante la Agencia Tributaria, el volumen de actividad.

También es aconsejable conservar las facturas de gastos, aunque no se integren directamente en la determinación del rendimiento, ya que pueden ser requeridas en caso de inspección para verificar la correspondencia con los parámetros declarados.

Facturación y retenciones

Toda persona física que realice actividades económicas debe expedir factura a sus clientes por las ventas o servicios que presta, salvo contadas excepciones previstas en la normativa (como ventas al por menor a consumidores finales por importe reducido).

En el caso de profesionales liberales, además, se acostumbra a incluir una retención de IRPF en la factura, que oscila entre el 7 % y el 15 % en función de la actividad y del tiempo que lleve de alta.

Estas cantidades retenidas por el cliente se ingresan en la Agencia Tributaria a cuenta del IRPF del profesional y, al final del ejercicio, se regularizan en la declaración anual. En cambio, los empresarios o comerciantes que venden directamente a particulares no suelen aplicar retención de IRPF en sus facturas, pues su beneficio se calcula a través de la contabilidad (estimación directa) o de los parámetros (módulos).

Pagos fraccionados e incentivos fiscales generales

Pagos fraccionados

A diferencia de los trabajadores por cuenta ajena, a quienes se les practica retención en nómina mes a mes, los contribuyentes que generan rendimientos de actividades económicas están obligados a realizar pagos fraccionados trimestrales a la Agencia Tributaria.

El objetivo es similar, contribuir de forma periódica a la recaudación del impuesto para evitar que se acumule todo al final del año.

- **Modelo 130 (estimación directa).** Se declara el 20 % del rendimiento neto del trimestre (ingresos menos gastos), salvo en ciertos casos de minoración. Al final del año, se descuenta lo que se ha ido pagando en los trimestres, y se liquida la diferencia en la declaración anual.
- **Modelo 131 (estimación objetiva).** En el régimen de módulos, los pagos fraccionados se calculan en función de los parámetros del módulo aplicables a cada trimestre. Si la actividad tiene variaciones significativas a lo largo del año, puede presentarse una regularización posterior.

El incumplimiento de la obligación de presentar estos modelos conlleva sanciones e intereses de demora, por lo que es fundamental llevar un registro continuo de ingresos y gastos (o de los parámetros en caso de módulos) y cumplir los plazos marcados por la normativa.

Incentivos fiscales generales

Dentro de los rendimientos de actividades económicas, existen diversos incentivos y deducciones que la ley contempla con el fin de fomentar el emprendimiento, la innovación y la contratación. Aunque varían con el tiempo y dependen en gran medida de los presupuestos y planes gubernamentales, algunos ejemplos recurrentes son:

- **Reducción por inicio de actividad.** En ocasiones, quienes inician una actividad económica por primera vez pueden disfrutar de una reducción en el rendimiento neto, aplicable durante los primeros ejercicios.
- **Deducciones por inversiones medioambientales o tecnológicas.** Ciertos gastos en mejoras medioambientales, energéticas o de I+D pueden dar lugar a deducciones adicionales.
- **Deducciones por gastos de formación.** Invertir en formación profesional para la plantilla o para el titular de la actividad puede conllevar beneficios fiscales, siempre y cuando se cumplan los requisitos establecidos.
- **Contratación de personal.** Algunas bonificaciones a la Seguridad Social y deducciones en la cuota de IRPF se aplican a la contratación de colectivos con dificultades de inserción laboral o en zonas rurales, aunque este tipo de beneficios suele tener un desarrollo normativo independiente del IRPF.

Planificación y asesoramiento

La variedad de incentivos y la complejidad de su aplicación hacen aconsejable, en la mayoría de los casos, disponer de un buen asesoramiento.

Ajustar la forma jurídica de la actividad (trabajador autónomo, sociedad limitada, cooperativa, etc.), optar por uno u otro régimen de estimación o aprovechar determinadas deducciones requiere un análisis personalizado.

Es recomendable estar al tanto de los cambios legislativos que cada año pueden modificar los umbrales de facturación, los porcentajes de retención, las deducciones o los requisitos para los módulos.

Conclusiones

En definitiva, los rendimientos de actividades económicas abarcan todas aquellas situaciones en las que el contribuyente desarrolla un negocio o profesión por cuenta propia, asumiendo los riesgos y la organización de medios.

El IRPF ofrece distintos métodos para tributar por estos rendimientos, principalmente la estimación directa (normal o simplificada) y la estimación objetiva (módulos), cada uno con sus ventajas e inconvenientes.

Mientras la estimación directa se basa en la contabilidad real de ingresos y gastos, la estimación objetiva utiliza indicadores que facilitan la gestión, a costa de una menor precisión en la tributación efectiva.

En cualquier caso, tanto uno como otro régimen implican llevar determinados libros y registros, emitir facturas y cumplir con obligaciones formales, como la presentación de pagos fraccionados a lo largo del ejercicio.

Por otra parte, ser autónomo o profesional no solo implica atender responsabilidades tributarias; también ofrece oportunidades para planificar y optimizar la carga fiscal, aprovechando incentivos y deducciones específicos.

Para ello, es crucial informarse correctamente, mantener un orden riguroso en la documentación y solicitar ayuda de especialistas cuando la normativa resulte compleja o cuando la actividad adquiera un volumen relevante.

En los próximos capítulos profundizaremos en los rendimientos del capital, tanto mobiliario como inmobiliario, así como en las ganancias y pérdidas patrimoniales.

Pero la correcta comprensión de cómo se originan y regulan los rendimientos de actividades económicas resulta un pilar esencial para la mayoría de autónomos y emprendedores, de cara a presentar la Declaración de la Renta de forma adecuada y conforme a la legalidad vigente.

Rendimientos del capital mobiliario

Entre las distintas fuentes de ingresos sujetas al Impuesto sobre la Renta de las Personas Físicas (IRPF), los rendimientos del capital mobiliario ocupan un lugar esencial para quienes invierten o ahorran parte de su patrimonio en productos financieros.

Se considera rendimiento del capital mobiliario la retribución que obtiene el titular de un capital cedido a terceros o invertido en determinadas entidades, ya sea en forma de intereses, dividendos u otras ganancias relacionadas con instrumentos financieros. Estos rendimientos suelen integrar la llamada base del ahorro, que, por lo general, se somete a una escala de gravamen diferente (y habitualmente más reducida) que la base general del IRPF.

El tratamiento fiscal de los rendimientos del capital mobiliario puede ser tan variado como las opciones de inversión disponibles en el mercado. Por ello, conviene conocer las reglas básicas que regulan los intereses bancarios, los dividendos y otros rendimientos financieros, así como el modo en que se declaran los planes de ahorro, los fondos de inversión, los bonos, las acciones y los seguros de vida o planes de previsión social.

En este capítulo, presentaremos una visión de conjunto, sin entrar en los detalles que puedan variar cada ejercicio, para que sirva de guía general sobre este tipo de rentas.

Intereses bancarios, dividendos y otros rendimientos financieros

Intereses bancarios

Los intereses procedentes de cuentas corrientes, depósitos a plazo, libretas de ahorro o imposiciones bancarias se consideran rendimientos del capital mobiliario y, por lo tanto, están sujetos al IRPF.

Se trata de un rendimiento relativamente sencillo. El banco paga al titular una cantidad fija o variable en concepto de interés por el dinero depositado o prestado, y esa cantidad se integra en la base del ahorro.

En la práctica, la entidad bancaria suele aplicar una retención a cuenta del IRPF, normalmente del orden de un porcentaje que fija la legislación vigente (históricamente, entre el 19 % y el 21 %, aunque puede cambiar según la normativa de cada ejercicio). Este importe retenido se descuenta posteriormente en la declaración anual, de modo que, si la retención supera la cuota que realmente corresponde abonar, se genera una devolución, y si es menor, el contribuyente deberá abonar la diferencia.

Dividendos

Los dividendos son la parte de los beneficios que una sociedad reparte entre sus accionistas. Cuando una persona física residente en España percibe dividendos por sus participaciones en empresas cotizadas o no cotizadas, se consideran rendimientos del capital mobiliario y deben declararse en la base del ahorro.

Durante años existieron exenciones parciales para los primeros euros percibidos en concepto de dividendos, pero las normas han ido variando con el tiempo y, en la actualidad, es frecuente que ya no exista un mínimo exento (o que este sea muy limitado).

Los dividendos suelen llevar aparejada una retención en origen, practicada por la propia sociedad que paga el dividendo o por la entidad intermediaria (por ejemplo, un bróker o el banco depositario de las acciones).

Esa retención, igual que en el caso de los intereses, se descuenta en la declaración de la renta.

Otros rendimientos financieros

Además de intereses y dividendos, se engloban en esta categoría otros rendimientos como primas de asistencia a juntas, rendimientos de cuentas en moneda extranjera, beneficios generados por participaciones en instituciones de inversión colectiva, descuentos de letras u otros productos financieros.

En todos estos casos, siempre que la contraprestación percibida provenga de la titularidad o de la cesión de un capital, se considerará rendimiento del capital mobiliario y se imputará, por regla general, en la base del ahorro.

Planes de ahorro y productos de inversión (fondos, acciones, bonos)

Fondos de inversión

Los fondos de inversión constituyen uno de los vehículos más utilizados para canalizar el ahorro colectivo.

Desde un punto de vista fiscal, lo más relevante es que, mientras el partícipe no reembolse sus participaciones, no debe tributar por plusvalías latentes, de modo que el inversor puede cambiar su dinero de un fondo a otro sin tributar en ese momento (se conoce como traspaso de fondos).

Solo cuando se realice un reembolso o venta de participaciones se genera la correspondiente ganancia o pérdida patrimonial, que se integra en la base del ahorro.

Aunque las plusvalías o minusvalías derivadas de fondos de inversión se suelen considerar ganancias o pérdidas patrimoniales (analizadas más en detalle en otro capítulo), también existen determinados rendimientos del capital mobiliario si el fondo distribuye beneficios periódicos (dividendos o cupones internos). En ese caso, el inversor percibe un rendimiento que se declara en el ejercicio en que se hace efectivo.

Acciones y bonos

La posesión de acciones y bonos puede generar dos grandes tipos de rentas. Por un lado, los dividendos o cupones (que, como se ha indicado, constituyen rendimientos del capital mobiliario), y por otro, las ganancias o pérdidas patrimoniales derivadas de la compraventa de esos activos (que, en la mayoría de los casos, se integran también en la base del ahorro, pero como plusvalías o minusvalías, no como rendimientos del capital).

En el caso de los bonos u obligaciones, el inversor suele percibir un cupón periódico que refleja los intereses de la deuda contraída por el emisor (puede ser un Estado o una empresa privada).

Dichos intereses se someten a retención en origen y se declaran como rendimientos del capital mobiliario.

Cuando el inversor vende los bonos o espera a su vencimiento, el resultado de la operación (plusvalía o minusvalía) se considerará ganancia o pérdida patrimonial.

Planes de ahorro a largo plazo

Existen productos diseñados para fomentar el ahorro a medio y largo plazo que, a cambio de mantener la inversión durante un tiempo mínimo, disfrutan de un tratamiento fiscal ventajoso.

Un ejemplo serían los Planes de Ahorro 5 (SIALP o CIALP), que ofrecen exenciones sobre los intereses generados si se cumplen ciertos requisitos (mantener la inversión un mínimo de cinco años, no superar determinada aportación anual, etc.).

En caso de incumplir estos requisitos, lo habitual es que se pierda el beneficio fiscal y se deba tributar por los rendimientos generados.

Tratamiento de seguros de vida y productos de previsión social

Seguros de vida

Los seguros de vida pueden generar distintos tipos de rentas según la modalidad contratada y la forma en que se perciban las prestaciones.

A grandes rasgos, existen dos supuestos principales:

- **Seguro de vida con cobertura de fallecimiento y riesgo puro.** En caso de fallecimiento del asegurado, la indemnización que reciben los beneficiarios se considera sujeta al Impuesto sobre Sucesiones y Donaciones, no al IRPF. Por tanto, no se integra como rendimiento del capital mobiliario.
- **Seguro de vida con componente de ahorro o inversión.** Aquí, el tomador va generando un capital que puede rescatar en vida, habitualmente como un único pago (capital) o en forma de renta. Los rendimientos que genera el capital invertido sí se integran en la base del ahorro. Dependiendo de las características del seguro (p.ej., si transcurre un plazo mínimo, si se cumplen ciertas condiciones de permanencia), puede haber exenciones parciales o reducciones en la tributación.

Un aspecto fundamental en los seguros de vida con ahorro es distinguir qué parte corresponde a la prima aportada (cantidad no sujeta a tributación cuando se recupera) y qué parte corresponde a la rentabilidad generada (que sí tributa como rendimiento del capital mobiliario).

Los requisitos o beneficios fiscales suelen cambiar con la normativa, por lo que conviene revisar siempre las condiciones actuales.

Planes de previsión asegurados y planes individuales de ahorro sistemático

Además de los seguros de vida tradicionales, existen fórmulas de previsión social en las que la persona va realizando aportaciones para obtener una renta futura. Dos de ellas son:

- **Plan de Previsión Asegurado (PPA).** Es un seguro de vida que garantiza un tipo de interés y permite desgravar las aportaciones en la base imponible general, con unos límites similares a los de los planes de pensiones (aunque sin ser exactamente iguales). Cuando se produce el rescate, las cantidades recibidas se consideran rendimiento del trabajo, no del capital mobiliario.
- **Plan Individual de Ahorro Sistemático (PIAS).** El inversor realiza aportaciones periódicas y, al cabo de cierto tiempo, puede constituir una renta vitalicia. Si se cumplen las condiciones de permanencia (un mínimo de años, etc.), la rentabilidad generada está exenta de tributación. Sin embargo, si el contribuyente decide rescatar el dinero como capital en lugar de renta, pierde la exención y tributa como rendimiento del capital mobiliario.

En este sentido, es esencial diferenciar entre los productos que tributan como rendimiento del capital mobiliario y aquellos que, por su finalidad asimilada a la jubilación, tributan como rendimiento del trabajo al rescatarse (como sucede con los planes de pensiones o los PPA).

Otras consideraciones sobre previsión social

La norma fiscal ofrece distintas opciones para fomentar el ahorro a largo plazo y para la jubilación.

Además de los planes de pensiones, que se estudian de manera más detallada en otros apartados, existen instrumentos mixtos que combinan prestaciones de riesgo (fallecimiento o invalidez) y un componente de ahorro a largo plazo.

Cada producto tiene sus especificidades, por lo que la planificación fiscal aconseja revisar bien las condiciones contractuales y el impacto de la tributación en el momento del rescate.

Conclusiones

Los rendimientos del capital mobiliario abarcan un amplio abanico de situaciones en las que el contribuyente percibe una retribución por la titularidad de un capital.

Desde los intereses bancarios y los dividendos, hasta los cupones de bonos y las prestaciones derivadas de seguros de ahorro, la clave se encuentra en comprender que estos ingresos suelen integrar la base del ahorro del IRPF y están sujetos, en la mayoría de los casos, a una retención a cuenta que se aplica en origen.

En el caso de productos como los fondos de inversión o ciertos planes de ahorro a largo plazo, la fiscalidad puede ser más compleja, con exenciones o diferimientos que conviene conocer para optimizar la tributación.

De igual manera, los seguros de vida y los productos de previsión social pueden tributar como rendimientos del capital mobiliario o del trabajo, dependiendo de su estructura y de la naturaleza del rescate o la prestación.

La normativa fiscal evoluciona con regularidad, adaptándose a las condiciones del mercado y a las políticas públicas de fomento del ahorro y la inversión. Por eso, el inversor o ahorrador debería actualizarse cada ejercicio y, en caso de duda, consultar a un asesor especializado.

Con una correcta planificación, es posible elegir los instrumentos que mejor se adapten a las necesidades personales, a la vez que se aprovechan de forma legítima las ventajas fiscales previstas en la ley.

En definitiva, los rendimientos del capital mobiliario exigen una gestión atenta y una coordinación adecuada con el resto de fuentes de ingreso, ya que su integración en la declaración de la renta puede determinar tanto las obligaciones tributarias a afrontar como las posibles devoluciones que la Agencia Tributaria acabe practicando.

Entender estos conceptos es fundamental para presentar una declaración fiel, coherente y ajustada a la realidad económica de cada contribuyente.

Rendimientos del capital inmobiliario

La posesión de bienes inmuebles puede generar diversos tipos de rendimientos que, a efectos del Impuesto sobre la Renta de las Personas Físicas (IRPF), se clasifican como rendimientos del capital inmobiliario.

Esta categoría abarca, fundamentalmente, los ingresos obtenidos por el alquiler de viviendas, locales comerciales y otras propiedades urbanas o rústicas, siempre que el contribuyente no ejerza una actividad económica de arrendamiento con los medios de una empresa organizada (en cuyo caso se considerararía actividad económica).

En este capítulo, abordaremos tres aspectos básicos para entender cómo tributan estos rendimientos. En primer lugar, las obligaciones y retenciones relacionadas con el alquiler de viviendas y locales; en segundo lugar, las consideraciones fiscales sobre la vivienda habitual y las segundas residencias; y, finalmente, los gastos deducibles asociados a los inmuebles que generan rendimientos del capital inmobiliario.

Conocer estas pautas generales ayuda a evitar errores frecuentes en la declaración y a optimizar legalmente la tributación de estas rentas.

Alquiler de viviendas y locales. Obligaciones y retenciones

Régimen general de los arrendamientos

En la mayoría de los casos, el arrendamiento de un inmueble (vivienda o local) por parte de un particular se clasifica como un rendimiento del capital inmobiliario. Esto significa que el propietario percibe unos ingresos (las rentas del alquiler) a cambio de permitir el uso del bien, sin que se requiera necesariamente una organización empresarial.

Para calcular la base imponible, el contribuyente parte de los ingresos íntegros percibidos y descuenta los gastos deducibles que la ley permita, tal como se verá más adelante.

Alquileres de vivienda

Cuando el propietario arrienda una vivienda destinada a cubrir las necesidades de residencia del inquilino (un arrendamiento de vivienda habitual), existen determinadas peculiaridades fiscales. Por ejemplo, durante muchos años estuvo vigente una reducción muy importante sobre el rendimiento neto procedente de estos alquileres, siempre que se cumplieran ciertos requisitos legales (arrendamiento a personas físicas con uso de vivienda, contrato formalizado, etc.).

Aunque las condiciones específicas de dicha reducción pueden haber variado con la normativa en distintos ejercicios, el concepto general se ha mantenido durante largo tiempo. Se busca fomentar el alquiler de viviendas habitual, con incentivos fiscales para el arrendador.

Es importante señalar que, para poder aplicar cualquier reducción, el arrendador debe declarar efectivamente las rentas en el IRPF y no incurrir en el arrendamiento sumergido (alquiler no declarado). El incumplimiento de la obligación de declarar conlleva importantes sanciones y la pérdida de esos beneficios fiscales.

Alquileres de locales y otros inmuebles

Si el inmueble se alquila para un uso distinto del de vivienda, por ejemplo, un local para actividad comercial, un despacho u otro uso, se sigue considerando rendimiento del capital inmobiliario, pero no le son aplicables las reducciones establecidas para el alquiler de vivienda habitual.

Por otro lado, existen en ocasiones requisitos de retención a cuenta del IRPF cuando se trata de un arrendamiento para actividades empresariales o profesionales.

En concreto, si el inquilino es una empresa o un profesional que va a destinar el local a su actividad, está obligado a practicar una retención del IRPF en la factura que paga al arrendador (salvo algunas excepciones, como cuando la renta anual no supera ciertos importes, o el propietario acredita que tributa como actividad económica). Ese porcentaje de retención, que puede variar con el tiempo (históricamente en torno al 19 %), se ingresa en la Agencia Tributaria mediante el modelo correspondiente (normalmente, el Modelo 115 trimestral y el Modelo 180 anual).

Al final del ejercicio, el arrendador descuenta la retención soportada de su cuota final de IRPF.

Obligaciones de los arrendadores

Más allá de la retención o no retención, los propietarios que alquilen inmuebles están obligados a:

- Declarar las rentas obtenidas en su declaración de la renta, consignándolas como rendimientos del capital inmobiliario.
- Llevar un registro o archivo de los contratos y facturas de gastos deducibles, de modo que, si la Agencia Tributaria lo requiere, se pueda acreditar la veracidad de lo declarado.
- Presentar autoliquidaciones trimestrales en caso de que sea un arrendamiento sujeto a retención (normalmente, a través del inquilino que actúa como retenedor) o si se dieran otros supuestos especiales.

El incumplimiento de estas obligaciones puede derivar en penalizaciones, sanciones e intereses de demora, por lo que resulta esencial que el contribuyente las conozca y las cumpla de manera escrupulosa.

Vivienda habitual y segunda residencia. Consideraciones fiscales

Vivienda habitual

La vivienda habitual es aquella que constituye la residencia permanente del contribuyente durante, al menos, un periodo continuado que la ley marca (tradicionalmente, 3 años), salvo que concurran circunstancias que obliguen al cambio de domicilio.

Esta calificación es relevante a efectos de deducciones y exenciones, tanto en el IRPF como en otros impuestos (por ejemplo, la exención por reinversión de la ganancia en la venta de la vivienda habitual).

En lo que respecta a rendimientos del capital inmobiliario, la vivienda habitual no genera rendimiento alguno si el contribuyente simplemente la ocupa para su propio uso. Es decir, no existe renta imputable ni arrendamiento que declarar.

Sin embargo, es fundamental distinguir la vivienda habitual de la segunda residencia, ya que las segundas residencias (casas de vacaciones, residencias esporádicas, etc.) sí pueden originar una imputación de renta inmobiliaria si no se alquilan, en función del valor catastral.

Segunda residencia

Cuando el contribuyente posee un segundo inmueble que no está alquilado ni constituye la vivienda habitual, la ley del IRPF establece la figura de la imputación de rentas inmobiliarias. Esto significa que, de forma ficticia, se atribuye al propietario un rendimiento anual (por lo general, un porcentaje del valor catastral del inmueble) que debe incluir en su declaración de la renta como rendimiento imputado, incluso si no percibe ninguna renta efectiva por él. Este mecanismo trata de gravar la capacidad económica que supone disponer de un inmueble para uso propio, aunque no sea la vivienda habitual.

La imputación de rentas no se aplica cuando el inmueble está arrendado (en cuyo caso se declaran los rendimientos del alquiler) ni cuando se trata de la vivienda habitual del contribuyente.

Otras consideraciones

En algunos supuestos, la ley establece exenciones o reducciones que facilitan la tributación por la vivienda habitual, sobre todo si se cumplen requisitos como la reinversión de la ganancia en una nueva vivienda habitual cuando se vende la anterior.

Sin embargo, estas medidas no suelen aplicarse a las segundas residencias, que en general tienen menos beneficios fiscales y, además, están sujetas a la imputación de rentas si están desocupadas.

Gastos deducibles asociados a inmuebles

Principios generales de deducción

Para determinar el rendimiento neto del capital inmobiliario, se parte de los ingresos íntegros (las rentas de alquiler, si las hubiera) y se restan los gastos que la ley permite deducir, siempre que estén relacionados directamente con la obtención de dichos ingresos. Esto implica que el inmueble debe estar efectivamente destinado al arrendamiento o, al menos, existir la intención de alquilarlo (por ejemplo, si está en oferta en un portal inmobiliario).

Los principales gastos deducibles suelen ser:

- **Intereses y gastos de financiación.** Si el propietario tiene una hipoteca o un préstamo para la adquisición o mejora del inmueble, los intereses (no la amortización del principal) se pueden deducir en la parte que corresponde al alquiler.

- **Tributos y tasas locales.** El Impuesto sobre Bienes Inmuebles (IBI), las tasas de basura o alcantarillado, y otros impuestos y gravámenes análogos son deducibles, siempre que recaigan sobre el propietario y no sean repercutidos al inquilino.
- **Gastos de comunidad y suministros.** Las cuotas de la comunidad de propietarios, los gastos de administración y, en su caso, los suministros (luz, agua, gas) que asuma el arrendador. Si estos gastos los paga el inquilino directamente, no habrá nada que deducir por este concepto.
- **Seguros.** Cualquier seguro de responsabilidad civil, hogar o similar que cubra el inmueble alquilado es deducible.
- **Gastos de reparación y conservación.** Los trabajos que sirvan para mantener el inmueble en condiciones de habitabilidad, como pintura, reparaciones de fontanería o mejoras parciales de instalaciones, suelen considerarse deducibles. No obstante, las obras de ampliación o de carácter estructural que incrementen el valor del inmueble se consideran inversión, por lo que no se deducen directamente como gasto, sino que se amortizan a lo largo del tiempo.
- **Amortización.** La ley permite deducir la amortización del inmueble y de los bienes cedidos con él (por ejemplo, muebles o electrodomésticos), aplicando el porcentaje anual que establezca la normativa vigente sobre el coste de adquisición. Esta partida puede suponer una deducción considerable y requiere un cálculo cuidadoso, atendiendo al valor de construcción, excluido el valor del suelo.

Es importante conservar las facturas, recibos y justificantes de cada gasto. Ante cualquier comprobación, la Administración puede exigir la documentación que acredite la realidad de la inversión o del desembolso, así como su correlación con el inmueble alquilado.

Aplicación práctica de los gastos

En la práctica, el propietario que alquila un inmueble primero computa los ingresos obtenidos y, después, resta los gastos deducibles.

El resultado es el rendimiento neto, sobre el cual, en algunos supuestos, se pueden aplicar reducciones adicionales (por ejemplo, la reducción por alquiler de vivienda, si se cumplen los requisitos legales).

Es relevante señalar que el cálculo de estos gastos se efectúa por cada inmueble arrendado.

Si el contribuyente tiene varios inmuebles en alquiler, debe poder identificar y asociar los gastos correspondientes a cada uno de ellos de manera individual.

Casos especiales:

• Si el inmueble está arrendado solo parte del año y el resto permanece vacío (pero ofertado para su alquiler), se prorratearán los gastos deducibles en función de los meses de arrendamiento o de disponibilidad.
• Si durante un período se utiliza el inmueble de manera personal y en otro se alquila, habrá que diferenciar, con criterios razonables, qué parte de los gastos corresponde a cada uso.

Conclusiones

Los rendimientos del capital inmobiliario son una de las fuentes de renta más comunes dentro del IRPF, tanto para propietarios que alquilan viviendas o locales como para aquellos que disponen de inmuebles que no constituyen su vivienda habitual.

La normativa fiscal distingue con claridad las rentas obtenidas por alquiler de viviendas (con posibles reducciones si se trata de alquiler habitual) y de locales (donde puede existir obligación de retener), así como la imputación de rentas cuando el inmueble está desocupado y no se destina a la actividad económica del contribuyente. Con respecto a la vivienda habitual, no genera rendimientos, pero la diferenciación con la segunda residencia es crucial para determinar si procede imputar rentas inmobiliarias.

Por otro lado, la deducción de gastos asociados al inmueble es esencial para calcular el rendimiento neto real, permitiendo restar intereses hipotecarios, tributos locales, gastos de conservación y reparación, seguros, así como la amortización anual correspondiente.

Las reglas concretas y los porcentajes de retención pueden variar con el tiempo, por lo que es recomendable mantenerse al día de las modificaciones legislativas que se produzcan en la materia.

Asimismo, llevar una correcta organización documental (contratos de alquiler, facturas de suministros y reparaciones, justificantes bancarios de gastos e ingresos) resulta imprescindible para responder con eficacia a cualquier comprobación de la Agencia Tributaria y para optimizar de forma legítima la tributación de los rendimientos del capital inmobiliario.

En resumen, el arrendamiento y la posesión de inmuebles conllevan una serie de obligaciones y derechos que el contribuyente debe conocer para cumplir adecuadamente con el IRPF.

Dominar los aspectos clave —definición del rendimiento, retenciones e ingresos, gastos deducibles y posibles reducciones—es la mejor manera de asegurar una declaración bien confeccionada y ajustada a la realidad de cada situación.

Ganancias y pérdidas patrimoniales

Además de los rendimientos del trabajo, del capital o de las actividades económicas, el Impuesto sobre la Renta de las Personas Físicas (IRPF) contempla otra categoría de rentas igualmente importante, las ganancias y pérdidas patrimoniales. Se generan, por lo general, cuando el contribuyente transmite un bien o derecho y obtiene una diferencia entre el valor de adquisición y el valor de transmisión. Dentro de este concepto entran operaciones de compraventa de inmuebles, venta de acciones y productos financieros, herencias, donaciones y la transmisión de bienes de uso particular, entre otras situaciones.

El análisis fiscal de las ganancias y pérdidas patrimoniales no se centra únicamente en la diferencia entre el precio de compra y de venta, sino que también considera gastos y tributos asociados a la operación. Además, en función del tipo de bien transmitido y del tiempo que haya permanecido en el patrimonio del contribuyente, pueden aplicarse normas específicas que, por ejemplo, permitan la exención (total o parcial) de la ganancia o modifiquen el importe a integrar en la base imponible.

A continuación, profundizamos en cada uno de los escenarios más frecuentes de generación de ganancias y pérdidas patrimoniales, teniendo en cuenta los elementos básicos para su correcta declaración, sin perder de vista que la normativa puede cambiar con el paso de los años y que es aconsejable revisar las actualizaciones de la ley del IRPF.

Operaciones de compraventa de inmuebles

Determinación de la ganancia o pérdida

Cuando un contribuyente vende un inmueble (vivienda, local, finca rústica…), se determina la ganancia (o pérdida) comparando el valor de transmisión (precio de venta menos los gastos asociados a la venta, como comisiones inmobiliarias o impuestos específicos) con el valor de adquisición (precio de compra más los costes inherentes a la misma, como gastos notariales, registro y el Impuesto de Transmisiones Patrimoniales).

La diferencia resultante es la ganancia o la pérdida patrimonial a incluir en la declaración.

En la práctica, hay que considerar además las mejoras introducidas en el inmueble y las amortizaciones que se hayan practicado (por ejemplo, en el caso de un inmueble destinado al alquiler).

Los gastos de mejora, debidamente acreditados con facturas, incrementan el valor de adquisición. Por el contrario, la parte de amortización practicada reduce ese valor de adquisición, lo que puede incrementar la ganancia final.

Exenciones y reducciones

Existen determinadas exenciones o incentivos que pueden reducir la carga fiscal de la venta de inmuebles. Uno de los más relevantes es la exención por reinversión en vivienda habitual, si el inmueble vendido era la residencia habitual del contribuyente y este reinvierte el importe obtenido en la adquisición de otra vivienda habitual, total o parcialmente, puede quedar exenta la ganancia en proporción a la cantidad reinvertida.

Otro supuesto destacado es la exención para mayores de 65 años que transmiten su vivienda habitual.

Si se cumplen los requisitos, la ganancia puede quedar libre de gravamen.

También existen regímenes transitorios para bienes adquiridos antes de 1995, que contemplan los denominados coeficientes de abatimiento, aunque se han limitado mucho con la evolución de la normativa.

Venta de acciones y otros activos financieros

Plusvalías y minusvalías bursátiles

La compraventa de acciones, participaciones en fondos de inversión y otros activos financieros genera, en la mayoría de los casos, una ganancia o pérdida patrimonial que se integra en la base del ahorro del IRPF.

El cálculo es similar al de los inmuebles, se compara el precio de venta (restando comisiones de intermediación) con el precio de compra (añadiendo también comisiones y gastos de adquisición).

En el caso de fondos de inversión, se produce la ganancia o pérdida solo cuando el inversor reembolsa sus participaciones.

Mientras realice traspasos entre fondos que cumplan los requisitos legales en España, no tributará por las plusvalías latentes, lo que supone un importante diferimiento.

Sin embargo, en el momento en que se decide vender definitivamente las participaciones del fondo y recibir el dinero, se calcula la ganancia o pérdida y se tributa conforme a los tipos aplicables en la base del ahorro.

Compensación de plusvalías y minusvalías

Una de las particularidades de las ganancias y pérdidas patrimoniales derivadas de la transmisión de acciones u otros activos financieros es la posibilidad de compensación.

Si en el mismo ejercicio el contribuyente obtiene plusvalías (por ejemplo, de la venta de unas acciones) y minusvalías (por la venta de otras acciones en pérdidas), puede compensar unas con otras para reducir la base imponible del ahorro.

Además, si tras compensar pérdidas y ganancias aún quedan minusvalías pendientes, se permite compensarlas con los rendimientos positivos del capital mobiliario (intereses, dividendos) hasta un porcentaje máximo fijado por la ley.

Si aun así quedan minusvalías, pueden arrastrarse para compensarlas en los cuatro ejercicios siguientes, respetando de nuevo los límites establecidos.

Herencias y donaciones

Herencias

Cuando una persona fallece, sus bienes y derechos se transmiten a los herederos y a los legatarios. A efectos del IRPF, esa transmisión por fallecimiento no genera una ganancia o pérdida patrimonial en el causante (la persona fallecida).

En realidad, la transmisión hereditara se somete al Impuesto sobre Sucesiones y Donaciones (ISD), por el que deben tributar los herederos según la normativa de la Comunidad Autónoma correspondiente.

La ganancia o pérdida en el IRPF aparecería en un momento posterior, si el heredero decide vender el bien heredado. En ese caso, para calcular la plusvalía o minusvalía, el valor de adquisición será el que se haya declarado en el ISD o que resulte conforme a la normativa, incluidos los gastos de aceptación de herencia, notaría, tasación y otros costes asumidos.

Donaciones

Las donaciones, a diferencia de las herencias, implican la transmisión de bienes y derechos entre personas vivas.

Desde el punto de vista del IRPF, el donante (la persona que regala el bien) puede experimentar una ganancia o pérdida patrimonial si el valor de mercado del bien donado difiere de su valor de adquisición. Como norma general, se entiende que la transmisión se efectúa por el valor normal de mercado, salvo que se aplique alguna excepción legal.

El donatario (la persona que recibe la donación), por su parte, está sujeto también al Impuesto sobre Sucesiones y Donaciones en la parte correspondiente. Sin embargo, en el IRPF es el donante quien declara la ganancia o pérdida generada.

Este aspecto suele pasarse por alto en muchas ocasiones, creer que, al ser una donación, no hay que tributar en el IRPF, cuando sí puede haber ganancia patrimonial para el donante.

Particularidades y reducciones

Existen supuestos especiales, por ejemplo, la donación de la empresa familiar o de participaciones en sociedades familiares en las que se cumplen ciertos requisitos de exención.

Igualmente, las distintas Comunidades Autónomas pueden aplicar reducciones en el ISD que lo hagan más ventajoso.

Pero, en el IRPF, se mantiene el principio de que toda transmisión a título lucrativo (donación) genera plusvalía o minusvalía en el donante.

Transmisiones de objetos y bienes de uso particular

Bienes muebles de uso personal

Además de los inmuebles y las acciones, existen multitud de bienes que una persona puede poseer y que se transmiten a lo largo de la vida, joyas, obras de arte, antigüedades, vehículos, instrumentos musicales, material tecnológico…

A efectos del IRPF, la venta de bienes de uso particular también puede generar ganancias o pérdidas patrimoniales. Si se vende un objeto usado por un precio superior al que costó en su día, surge una ganancia patrimonial que se integra en la base del ahorro.

Por el contrario, si se vende por debajo de su coste de adquisición, la pérdida patrimonial no es deducible si estamos ante bienes de uso personal (como el mobiliario o el automóvil utilizado para fines personales).

La ley contempla algunas exclusiones expresas respecto a la deducibilidad de las pérdidas en bienes de uso particular, con el objetivo de evitar que los contribuyentes declaren pérdidas de enseres domésticos para minorar su tributación.

Excepciones

En la normativa del IRPF se excluyen, por ejemplo, los incrementos de valor obtenidos en la transmisión de bienes muebles de escaso valor.

También hay bienes específicos que tributan por otra vía, como los premios de loterías oficiales, sujetos a su propia retención e imposición particular.

No obstante, como norma general, cualquier transmisión de objetos de cierto valor (pinturas, colecciones filatélicas, joyas) genera la correspondiente ganancia o pérdida.

Implicaciones de la valoración

Al no tratarse de bienes con un mercado tan regulado como el inmobiliario o el bursátil, fijar el valor de transmisión y el valor de adquisición puede ser más complejo.

Es recomendable conservar facturas o recibos de compra y, cuando proceda, contar con peritaciones o tasaciones que justifiquen el valor real del bien en el momento de la venta.

De lo contrario, la Agencia Tributaria podría cuestionar el valor declarado e iniciar un proceso de comprobación.

Conclusiones

Las ganancias y pérdidas patrimoniales representan un componente esencial del IRPF, pues abarcan la mayoría de situaciones de compraventa, donación o transmisión de activos.

Su regulación presenta matices relevantes que pueden beneficiar o perjudicar al contribuyente en función de su planificación y de las circunstancias personales.

En el caso de los inmuebles, conviene llevar un registro claro de todos los gastos de adquisición, mejoras y tributos pagados, así como informarse de las exenciones posibles por reinversión o por condición de vivienda habitual.

En la venta de acciones y otros productos financieros, la compensación de minusvalías con plusvalías y la posibilidad de traspasar fondos sin tributar pueden marcar la diferencia en la factura final del IRPF.

Respecto a herencias y donaciones, la tributación en el IRPF recae normalmente sobre el causante o donante en lo que respecta a la ganancia patrimonial, mientras que los herederos y donatarios se enfrentan al Impuesto sobre Sucesiones y Donaciones.

Finalmente, en la venta de bienes de uso particular, es importante distinguir qué pérdidas son deducibles y cuáles no, asegurándose de conservar la documentación de compra y venta para acreditar los valores de transmisión.

La clave para cumplir con la normativa y, al mismo tiempo, aprovechar las ventajas fiscales que esta ofrece, radica en la planificación y la información.

Conocer las normas que regulan cada tipo de transmisión, mantener un archivo sistematizado de los gastos asociados a cada bien y asesorarse correctamente antes de efectuar transacciones de importancia son pasos esenciales para declarar correctamente las ganancias y pérdidas patrimoniales y evitar problemas con la Administración Tributaria.

Con la base adecuada, el contribuyente puede encarar con solvencia la declaración de este tipo de rentas y sacar provecho, de forma legítima, de las medidas de ahorro y exención contempladas en la ley.

Contribución estatal y autonómica

En el Impuesto sobre la Renta de las Personas Físicas (IRPF), uno de los rasgos más característicos es su estructura compartida entre la Administración General del Estado y las Comunidades Autónomas.

España es un Estado con un alto grado de descentralización, donde determinadas competencias y, en consecuencia, parte de la recaudación tributaria, han sido asumidas por los gobiernos autonómicos.

Este sistema, conocido como cesión de tributos, tiene como finalidad adaptar la fiscalidad a las necesidades y a las políticas de cada territorio, al tiempo que se mantiene un mínimo común estatal que garantiza la coherencia en todo el país.

En este capítulo, profundizaremos en el funcionamiento de la cesión de tributos en España, en la distinción entre la parte estatal y la parte autonómica del IRPF, así como en la forma en que las Comunidades Autónomas pueden afectar a la declaración de la renta.

Funcionamiento del sistema de cesión de tributos en España

Origen histórico y evolución

La cesión de tributos a las Comunidades Autónomas tiene su germen en la organización territorial plasmada en la Constitución Española de 1978. Este texto constitucional reconoce la existencia de Comunidades Autónomas y les atribuye diversas competencias de autogobierno, entre las cuales se encuentra la posibilidad de participar en la gestión y recaudación de algunos impuestos.

Con el paso de los años, se han aprobado varios sistemas de financiación autonómica, estableciendo qué parte de determinados tributos —entre ellos el IRPF— pasa a formar parte de los recursos de cada comunidad.

La finalidad es que los gobiernos autonómicos dispongan de ingresos suficientes para financiar las competencias que tienen asumidas (educación, sanidad, servicios sociales, etc.), sin tener que depender exclusivamente de transferencias del Estado.

Principio de corresponsabilidad fiscal

El principal objetivo de la cesión de tributos es fomentar la corresponsabilidad fiscal.

Esto implica que la gestión y el uso de los recursos públicos se acerquen al ámbito regional, de modo que las Comunidades Autónomas puedan diseñar políticas más ajustadas a las necesidades de sus habitantes.

A su vez, este esquema promueve una mayor implicación de los gobiernos autonómicos en la recaudación, ya que parte de su presupuesto depende de los tributos que gestionan o cuyo rendimiento se les transfiere.

Impuestos parcialmente cedidos

Varios impuestos están parcialmente cedidos a las Comunidades Autónomas. Además del IRPF, destacan el Impuesto sobre el Patrimonio, el Impuesto sobre Sucesiones y Donaciones o los Impuestos sobre el Juego.

En cada uno de estos tributos, el modelo de cesión es distinto, pero el denominador común es que la Comunidad Autónoma participa en la recaudación, pudiendo incluso, dentro de ciertos límites, regular algunos aspectos como bonificaciones, tipos de gravamen o deducciones específicas.

En el caso particular del IRPF, se calcula que aproximadamente la mitad de la recaudación corresponde al Estado y la otra mitad a las Comunidades Autónomas, con variaciones que pueden depender del sistema de financiación autonómica en vigor o de mecanismos de nivelación y solidaridad entre regiones.

Parte estatal *vs* parte autonómica. Conceptos y diferencias

Estructura "mixta" del IRPF

El IRPF se concibe, en la práctica, como un impuesto mixto. De una parte, hay unos mínimos estatales que establecen los tramos de base imponible y los tipos de gravamen a aplicar, así como ciertas deducciones generales o reducciones de la base. De otra, cada Comunidad Autónoma tiene facultades para introducir sus propios tramos y tipos en su parte cedida del impuesto, así como deducciones o bonificaciones específicas para sus residentes.

Para ilustrarlo, imaginemos que, sobre la base liquidable del contribuyente, se aplican los tramos estatales (que pueden ir, por ejemplo, desde el 19 % para las rentas más bajas hasta un tipo superior para las más altas) y, simultáneamente, se aplican los tramos autonómicos con sus propios porcentajes.

El resultado global es la suma de ambas escalas, lo que da lugar al tipo efectivo que cada persona paga por su IRPF.

Escala de gravamen y tarifas autonómicas

Aunque el Estado fija la escala estatal, las Comunidades Autónomas pueden configurar su escala autonómica dentro de ciertos límites.

Por ello, el tipo marginal máximo del IRPF puede variar notablemente de una Comunidad a otra, al igual que los tramos intermedios.

A modo de ejemplo, se observa que comunidades como Madrid han optado históricamente por aplicar tramos más reducidos en la parte autonómica, mientras que otras comunidades con políticas sociales más expansivas pueden haber optado por elevar sus tramos superiores para incrementar la recaudación.

Deducciones autonómicas

Además de las deducciones estatales (por inversión en vivienda habitual para quienes tuvieran derecho consolidado, por familia numerosa, por discapacidad, etc.), cada Comunidad Autónoma puede establecer deducciones específicas.

Estas suelen enfocarse a fomentar ciertos objetivos:

- Apoyo a la familia y natalidad (deducciones por nacimiento o adopción).
- Fomento de la formación (deducciones por gastos en estudios, libros de texto, enseñanza de idiomas).
- Dinamización de sectores económicos (deducciones por compra o rehabilitación de vivienda en zonas rurales, por instalación de energías renovables, etc.).
- Incentivos a la inversión (por ejemplo, deducciones por adquisición de acciones en empresas de la región).

Tales deducciones se aplican únicamente sobre la parte de la cuota correspondiente a la Comunidad Autónoma.

De esta manera, un contribuyente que vive en una región con deducciones significativas podría pagar menos IRPF que otro con la misma base imponible pero residente en otra comunidad, siempre y cuando cumpla los requisitos de dicha deducción.

¿Cómo afectan las Comunidades Autónomas a la declaración?

Residencia fiscal dentro de España

Para saber qué normas autonómicas se aplican, lo primero es determinar la residencia fiscal del contribuyente dentro de España.

La norma general indica que se considera residente en una Comunidad Autónoma a aquella persona que pase más días del periodo impositivo (normalmente, el año natural) en su territorio. También se pueden tener en cuenta otras variables, como el lugar de generación de rentas o el núcleo principal de sus intereses.

Normalmente, para la mayoría de ciudadanos que viven de manera estable en un mismo lugar, la residencia fiscal coincide con la Comunidad Autónoma en la que residen habitualmente. Sin embargo, si una persona se traslada a mitad de año, o si vive en varias regiones, determinar la residencia fiscal puede ser un poco más complejo, teniendo que valorar en cuál de ellas permanece mayor número de días.

Aplicación de la parte autonómica

Una vez establecida la residencia fiscal, el contribuyente debe conocer la escala de gravamen autonómica aprobada para el ejercicio en cuestión. Dado que esta escala se suma a la estatal, los porcentajes finales pueden diferir de los de otras comunidades.

Asimismo, se deben revisar las deducciones autonómicas a las que se pueda optar en función de la situación personal y familiar (deducciones por adopción, guardería, inversión en energías limpias, etc.).

La declaración de la renta, por tanto, refleja tanto la parte estatal como la autonómica en la liquidación final.

El contribuyente no hace dos declaraciones por separado, sino una sola, en la que se integran ambos bloques.

El programa o herramienta oficial (Renta Web, por ejemplo) ya está preparado para que, al introducir los datos personales y el domicilio fiscal, aplique automáticamente la normativa autonómica de la región correspondiente.

Diferencias y comparaciones entre Comunidades

La capacidad normativa que tienen las Comunidades Autónomas puede generar diferencias sustanciales en la carga fiscal de un contribuyente en función de la región donde viva.

Mientras unas comunidades pueden rebajar los tipos o introducir deducciones generosas, otras pueden optar por elevarlos, particularmente en los tramos altos, con el fin de recaudar más para financiar sus servicios públicos.

A pesar de estas diferencias, es importante señalar que existe un mínimo común ineludible a nivel estatal, de modo que tampoco se dan disparidades extremas.

No obstante, en la práctica, sí se han observado críticas sobre la denominada "competencia fiscal" entre comunidades.

Algunos defienden la existencia de esta competencia como un incentivo para que las regiones gestionen mejor y ofrezcan ventajas a sus ciudadanos, mientras que otros la cuestionan porque podría mermar los recursos en comunidades con mayor presión fiscal o condicionar la calidad de los servicios públicos.

Traslados de residencia por motivos fiscales

En casos muy concretos, contribuyentes de rentas altas podrían plantearse cambiar su residencia a comunidades con una fiscalidad más favorable. Esto ha sido objeto de debate, porque, si bien es totalmente legítimo moverse por el territorio nacional, la Agencia Tributaria (tanto estatal como autonómica) está atenta a los cambios de domicilio que no estén sustentados por una estancia real y efectiva en la nueva región. Es decir, no se permite un traslado "ficticio" para eludir la normativa fiscal de la comunidad donde realmente se vive.

Conclusiones

El IRPF es un impuesto compartido entre el Estado y las Comunidades Autónomas.

Este diseño se enmarca en la organización descentralizada de España, con el objetivo de permitir a las regiones ajustar, dentro de ciertos márgenes, la presión fiscal y las deducciones a su realidad socioeconómica. De este modo, las Comunidades Autónomas participan en la recaudación y en la regulación de una parte del impuesto, lo que fomenta la corresponsabilidad fiscal y la capacidad de cada territorio para implementar políticas adaptadas a sus necesidades.

La estructura "mixta" del IRPF se concreta en una doble escala de gravamen (estatal y autonómica) que se suma en la cuota final del contribuyente, así como en la existencia de deducciones autonómicas que pueden minorar el importe a pagar si se cumplen los requisitos establecidos.

Por ello, para la elaboración de la declaración de la renta es crucial determinar correctamente la residencia fiscal, ya que condicionará la aplicación de una u otra normativa autonómica.

Para el contribuyente, el efecto más visible de esta cesión de tributos se manifiesta en la variabilidad de la carga impositiva según la Comunidad Autónoma de residencia, y en las deducciones o bonificaciones que algunas regiones ofrecen para objetivos específicos (fomento de la familia, la formación, el emprendimiento o la sostenibilidad, entre otros).

Aunque el programa oficial de la Agencia Tributaria facilita gran parte de estos cálculos, sigue siendo recomendable informarse acerca de las deducciones y tipos de la comunidad correspondiente, sobre todo si se ha cambiado de domicilio o se cumplen condiciones especiales que pudieran dar lugar a ventajas fiscales.

En definitiva, entender el sistema de contribución estatal y autonómica es fundamental para cualquier contribuyente que busque confeccionar correctamente su declaración de la renta.

La cesión de tributos no es solo una cuestión política o administrativa, sino un elemento que influye de forma directa en cuánto acaba pagando cada ciudadano y qué beneficios fiscales puede llegar a obtener según la comunidad en la que reside.

De cara a futuras campañas de IRPF, conviene prestar atención a posibles modificaciones de los tramos, las deducciones y otros cambios legislativos que puedan tener un impacto en el resultado final de la declaración.

Retenciones, pagos a cuenta y modelos de liquidación

La forma en que los contribuyentes van cumpliendo sus obligaciones con el Impuesto sobre la Renta de las Personas Físicas (IRPF) no se limita únicamente a la declaración anual presentada en la campaña de la renta.

Existe un conjunto de pagos anticipados, retenciones y modelos de liquidación que la legislación establece con el fin de garantizar que el Estado y las Comunidades Autónomas reciban ingresos de manera regular a lo largo del año, evitando que el contribuyente deba hacer un desembolso excesivo de golpe al final del ejercicio.

En este capítulo, profundizaremos en el concepto de retención y su importancia para la recaudación, analizaremos la figura de los pagos fraccionados y los modelos asociados (como los modelos 130 y 131, entre otros), y, finalmente, veremos qué documentación y qué herramientas facilita la Administración Tributaria para que los contribuyentes puedan cumplir con sus obligaciones fiscales de forma más sencilla.

Concepto de retención y su importancia en el IRPF

Retenciones. Qué son y para qué sirven

La retención es una forma de pago a cuenta del IRPF. Consiste en que el pagador de una renta (por ejemplo, la empresa que abona el salario a sus trabajadores) descuenta un porcentaje de ese importe y lo ingresa directamente en la Agencia Tributaria a nombre del contribuyente que percibe el ingreso. De esta manera, el contribuyente va anticipando parte de su impuesto mes a mes, trimestre a trimestre o según la periodicidad establecida, y el Estado obtiene una recaudación continua que financia los servicios públicos.

La retención la practicará, por tanto, el empleador, la entidad financiera, el inquilino (en ciertos supuestos), la sociedad que reparte dividendos, el cliente de un profesional autónomo, etc.

Cada tipo de renta está sujeto a unos porcentajes de retención que pueden variar con la normativa y que se aplican sobre la cantidad bruta que se paga.

Ejemplos clásicos serían:

- Los rendimientos del trabajo (nóminas) tienen un porcentaje de retención variable en función de la situación personal y el importe anual estimado de ingresos.
- Los rendimientos de capital mobiliario (intereses, dividendos) suelen tener una retención fija, históricamente en torno al 19-21 %, dependiendo de la legislación de cada momento.

- Las facturas de profesionales llevan una retención por IRPF (normalmente, alrededor del 15 %, aunque puede ser menor para nuevos autónomos los primeros años).

Importancia de la retención en la liquidación

Al hacer la declaración anual del IRPF, el contribuyente calcula su cuota definitiva según sus ingresos, deducciones y reducciones. A esa cifra se le restan todas las retenciones que ha ido soportando a lo largo del año. Si el total de retenciones supera la cuota, el resultado de la declaración será a devolver; si las retenciones han sido inferiores, habrá que ingresar la diferencia. La retención, por tanto, cumple la doble función de evitar un gran pago único al final del ejercicio y de garantizar un flujo constante de ingresos para la Administración.

En muchos casos, la correcta aplicación de las retenciones depende de que el contribuyente informe debidamente al pagador sobre su situación familiar, el volumen previsto de ingresos y otros factores que influyen en el porcentaje de retención.

Regularización de retenciones

Si durante el año cambia la situación personal del trabajador (por ejemplo, se casa, tiene un hijo o deja de tenerlo a cargo), o si se producen variaciones salariales importantes, se recomienda informar al pagador para ajustar la retención.

Así se evitan desajustes al final de año y posibles sorpresas desagradables en la declaración.

Pagos fraccionados y sus modelos (130, 131, etc.)

Pagos fraccionados. Qué son

Los pagos fraccionados son otra modalidad de pago a cuenta del IRPF, pero, a diferencia de las retenciones, el obligado a presentarlos y abonarlos es directamente el contribuyente que genera ciertas rentas (normalmente, quienes obtienen rendimientos de actividades económicas).

Así, los trabajadores autónomos y empresarios individuales deben presentar declaraciones periódicas —por lo general, de forma trimestral— para abonar una parte proporcional de los beneficios que vayan obteniendo.

Modelo 130. Estimación directa

El Modelo 130 es el que utilizan quienes tributan en estimación directa (tanto normal como simplificada) para actividades económicas. En él se declara la diferencia entre ingresos y gastos del trimestre, y se ingresa el 20 % (salvo que la normativa vigente indique otra cifra) del rendimiento neto resultante.

No obstante, si el contribuyente está sujeto a retención en sus facturas (por ejemplo, un profesional con facturas retenidas al 15 %) y más del 70 % de sus ingresos totales ya llevan retención, puede que no tenga obligación de presentar el Modelo 130. La estructura básica del Modelo 130 es:

- Ingresos totales del trimestre.
- Gastos deducibles del trimestre.

- Rendimiento neto (ingresos menos gastos).
- Aplicación del porcentaje correspondiente.
- Resta de las retenciones ya soportadas o pagos fraccionados anteriores, si corresponde.
- Resultado a ingresar, si es positivo.

Modelo 131. Estimación objetiva (módulos)

El Modelo 131 funciona de forma análoga, pero para quienes tributan en estimación objetiva, también conocido como "módulos".

En este régimen, se determina una cuota fija trimestral basada en parámetros objetivos (metros del local, número de empleados, potencia del vehículo, etc.).

Al presentar el Modelo 131, el contribuyente ingresa esa cantidad fija a cuenta del IRPF, la cual luego se regulariza en la declaración anual si procede.

Otras declaraciones y plazos

Además de los modelos 130 y 131, existen otras declaraciones específicas (por ejemplo, el Modelo 115 para retenciones de alquiler) que pueden ser necesarias según la actividad y las características del contribuyente.

Respecto a los plazos, los pagos fraccionados se suelen presentar en abril, julio, octubre y enero (respecto a los trimestres naturales anteriores).

Es crucial cumplirlos en tiempo y forma para evitar recargos e intereses de demora.

Documentación y herramientas de ayuda (Renta Web, certificados, etc.)

Renta Web y borrador de la declaración

En la actualidad, la Agencia Tributaria pone a disposición de los contribuyentes la herramienta Renta Web, un sistema en línea que facilita enormemente la confección y presentación de la declaración anual del IRPF.

Al acceder a Renta Web, el contribuyente se encuentra con una serie de datos que la propia Administración ha recopilado, rendimientos del trabajo, retenciones bancarias, cuotas de la Seguridad Social, pagos fraccionados, datos catastrales de inmuebles, etc. Esta información procede de los modelos que han presentado tanto el propio contribuyente (130, 131, etc.) como los distintos pagadores (190 para retenciones de trabajo, 111 para retenciones de profesionales, etc.).

Una de las ventajas de Renta Web es que el contribuyente puede revisar y confirmar esos datos, corrigiendo errores o agregando información adicional (deducciones autonómicas, por ejemplo) antes de presentar la declaración. No obstante, es responsabilidad del contribuyente verificar que todo sea correcto, porque la información precargada puede tener omisiones o inexactitudes.

Certificado de retenciones

Para contrastar y validar los datos de Renta Web, los contribuyentes cuentan con herramientas como el certificado de retenciones. Por ejemplo, los trabajadores por cuenta ajena reciben a principios de año un documento de su empleador que detalla cuánto han cobrado en bruto y cuánto se les ha retenido.

Los bancos también emiten certificados de retenciones por intereses y dividendos, y los clientes de intermediarios financieros disponen de extractos con toda la información relevante sobre ventas y plusvalías (si corresponde).

Es fundamental que el contribuyente cruce la información de los certificados con la que figure en Renta Web, ya que en caso de discrepancia, se debe averiguar el origen del error.

A veces, la empresa pudo haber comunicado mal un dato, o la Agencia Tributaria pudo haber interpretado erróneamente alguna información.

Otros modelos y soportes documentales

Además de los certificados de retenciones, los autónomos deben contar con:

- Libros registros de ventas e ingresos y compras y gastos, de bienes de inversión y de provisiones de fondos, si corresponde, para cuadrar los datos con lo declarado en los modelos trimestrales.
- Justificantes de gastos (facturas, recibos, etc.) que respalden las deducciones practicadas en los Modelos 130 o 131 y, posteriormente, en la declaración anual.

Por su parte, quienes reciben rendimientos del capital o ganancias patrimoniales deberán disponer de extractos bancarios, certificaciones de venta y compra de acciones, justificantes de gastos notariales en caso de ventas de inmuebles, etc. Esta documentación se emplea para comprobar o corregir los datos fiscales y garantizar que la declaración del IRPF sea fidedigna.

Asistencia y atención personalizada

La Agencia Tributaria, a través de su web y de sus oficinas, ofrece asistencia para la cumplimentación de los distintos modelos de pago fraccionado y para la declaración de la renta.

Es posible solicitar cita previa para recibir ayuda en la elaboración de la declaración, aunque, en la práctica, el contribuyente debe acudir con la documentación pertinente y tendrá que tener claras las peculiaridades de su caso. Asimismo, existen aplicaciones móviles y sistemas de ayuda telefónica que, cada año, se van perfeccionando para orientar a los ciudadanos. Sin embargo, cuando la situación es compleja (por ejemplo, múltiples fuentes de ingresos, rendimientos en el extranjero, regímenes especiales), lo más aconsejable suele ser recurrir a un asesor fiscal con experiencia o, en todo caso, dedicar tiempo a informarse exhaustivamente de la normativa aplicable.

Conclusiones

El IRPF funciona en buena parte a través de pagos anticipados que el contribuyente realiza, a veces sin apenas darse cuenta, a lo largo del año:

- Retenciones en la nómina, en los intereses bancarios o en las facturas profesionales.
- Pagos fraccionados en el caso de autónomos o empresarios que tributan en estimación directa u objetiva (módulos).

Estos mecanismos descargan parte de la presión fiscal del cierre del ejercicio, ya que cuando llega la campaña de la renta, la mayoría de los contribuyentes han ido ingresando cantidades cada mes o cada trimestre.

Con la herramienta Renta Web, la Agencia Tributaria pone a disposición de todos los declarantes un sistema bastante completo, que integra la mayor parte de la información de forma automatizada.

No obstante, sigue siendo responsabilidad del contribuyente verificar la veracidad de lo consignado en el borrador, asegurándose de que los datos de retenciones, pagos fraccionados y rendimientos se ajusten a la realidad.

Para ello, se dispone de certificados de retenciones y de otros justificantes, además de la contabilidad o los libros registro en el caso de profesionales y empresarios.

Por último, es importante recordar los plazos de presentación de los modelos de pago fraccionado, así como la conveniencia de mantener una comunicación fluida con el pagador de nuestros ingresos (empresa, cliente, entidad financiera).

Unos datos erróneos o desactualizados pueden dar lugar a un resultado inesperado en la declaración de la renta, así como a recargos o sanciones.

El uso de los recursos de información y ayuda, ya sea vía web, telefónica o presencial, contribuirá a minimizar los riesgos y a realizar una correcta planificación fiscal durante todo el ejercicio.

Deducciones y bonificaciones generales

Dentro del Impuesto sobre la Renta de las Personas Físicas (IRPF), las deducciones y bonificaciones juegan un papel fundamental para determinar la cuota final a pagar o a devolver.

Gracias a estas figuras, el legislador introduce elementos correctores que reducen la carga fiscal según ciertas circunstancias personales, familiares o económicas, además de incentivar comportamientos de interés público (ahorro a largo plazo, inversión en vivienda, contratación de planes de pensiones, etc.).

Este capítulo ofrece una visión de conjunto sobre las deducciones y bonificaciones más frecuentes, centrándose en los conceptos generales sin ahondar en minucias normativas que pueden variar año a año.

Veremos las deducciones en la base imponible, aquellas que se aplican en la cuota directamente, las reducciones por aportaciones a planes de pensiones, las deducciones autonómicas más comunes y una panorámica general de los beneficios para familias y personas con minusvalía.

Principales deducciones en la base y en la cuota

Deducciones en la base imponible

Las deducciones o reducciones en la base imponible son aquellas que minoran los ingresos totales antes de calcular la cuota. De esta manera, el tipo de gravamen se aplica sobre un importe menor, lo que se traduce en un ahorro fiscal.

Un ejemplo clásico es la reducción por aportaciones a planes de pensiones, de la que hablaremos con más detalle en el siguiente epígrafe.

Otro caso podría ser las pensiones compensatorias al cónyuge y las anualidades por alimentos a favor de los hijos, que en determinadas condiciones pueden reducir la base imponible.

Asimismo, existen reducciones generales por determinados rendimientos del trabajo o de actividades económicas, aplicables a rendimientos inferiores a cierto límite, con el fin de no gravar en exceso las rentas más bajas.

Deducciones en la cuota

Una vez calculada la cuota íntegra (tras aplicar el tipo de gravamen a la base imponible), el contribuyente puede disminuir esa cuota con ciertas deducciones que se restan directamente.

En este grupo aparecen, por ejemplo, las deducciones por inversión en vivienda habitual (para quienes conservan el derecho de ejercicios anteriores, dado que la deducción se suprimió con carácter general pero se mantiene para aquellos que la disfrutaban antes de 2013), las deducciones por donativos a determinadas entidades sin fines lucrativos, o las deducciones específicas para familias numerosas, ascendientes con discapacidad a cargo, etc.

La principal diferencia entre las deducciones en la base y las deducciones en la cuota reside en su impacto final. Una deducción en la base reduce la cantidad sobre la que se aplica el tipo, mientras que una deducción en la cuota actúa sobre el importe que resulta de aplicar el tipo a la base.

En la práctica, ambas son herramientas relevantes para disminuir la factura fiscal, pero en ocasiones su efecto puede diferir, las reducciones en la base suelen ajustarse a un tipo marginal progresivo, mientras que las deducciones en la cuota tienen un efecto lineal sobre el importe a pagar.

Reducciones por aportaciones a planes de pensiones

Funcionamiento general de los planes de pensiones

Los planes de pensiones constituyen uno de los instrumentos de previsión social más utilizados en España para complementar la jubilación.

Su gran ventaja radica en la reducción en la base imponible del IRPF por las aportaciones que se realicen cada año, hasta unos límites que la ley establece periódicamente (límite que ha ido variando a lo largo de los años y que conviene verificar para el ejercicio en curso). Por ejemplo, si el límite anual es de "X" euros o un porcentaje del rendimiento neto del trabajo, el contribuyente puede aportar dicha cantidad al plan de pensiones y restarla de su base imponible. Así, si la base imponible general era de 30 000 euros y ha realizado una aportación de 2 000 euros a un plan de pensiones, la base se reduce a 28 000 euros.

En consecuencia, al aplicar los tipos impositivos, la cuota resultante será menor, consiguiendo un ahorro fiscal notable en el momento de la declaración.

Rescate y tributación

La contrapartida de este beneficio es que, en el momento del rescate (al jubilarse o al cumplirse otras contingencias contempladas por la ley), las cantidades percibidas tributan en el IRPF como rendimiento del trabajo, y no como rendimiento del capital.

Esto implica que, cuanto más alta sea la base general del contribuyente en el año de rescate, mayor será el tipo impositivo que se le aplicará.

Por ello, es importante planificar cuándo y cómo se efectúa el rescate (en forma de capital, de renta periódica, de forma mixta) para distribuir la carga fiscal y no sufrir un salto brusco a un tramo impositivo muy alto.

El legislador busca un fomento del ahorro a largo plazo, pero al mismo tiempo exige coherencia en la tributación al momento del rescate.

Aportaciones del cónyuge y de personas con discapacidad

La normativa también contempla la posibilidad de reducir la base por aportaciones realizadas a planes de pensiones del cónyuge, siempre que cumpla ciertos requisitos de ingresos.

Por otro lado, existen límites ampliados para aportaciones a planes de pensiones de personas con discapacidad, favoreciendo su ahorro y futura cobertura. Estas especialidades pueden ser muy ventajosas, pero requieren una revisión detallada de la normativa.

Deducciones autonómicas más comunes

Competencia autonómica en deducciones

Como se explicó en capítulos anteriores, parte del IRPF está cedida a las Comunidades Autónomas, que tienen capacidad normativa para establecer deducciones en su tramo. Estas deducciones afectan exclusivamente a la parte de la cuota que gestiona la comunidad correspondiente; no reducen la parte estatal.

Las deducciones autonómicas más habituales se centran en varios ámbitos:

- **Fomento de la familia y la natalidad.** Deducciones por nacimiento, adopción o acogimiento de menores, gastos de guardería, gastos educativos, etc.

- **Vivienda y rehabilitación.** Aunque la deducción estatal por adquisición de vivienda habitual está suprimida (salvo derechos adquiridos), algunas comunidades ofrecen deducciones específicas por alquiler de vivienda habitual a jóvenes o por rehabilitación energética de inmuebles.
- **Inversión y emprendimiento.** Deducciones por inversión en empresas de nueva creación, microempresas regionales o por contratación de servicios en zonas rurales, con objeto de dinamizar el tejido económico.
- **Protección del medio ambiente.** Deducciones por instalación de energías renovables, mejora de eficiencia energética, compra de vehículos eléctricos, entre otras.

Estrategia y requisitos

Para disfrutar de estas deducciones, la comunidad suele fijar requisitos como el límite de renta, la edad, la residencia efectiva en la región o la justificación documental de los gastos.

A menudo, el contribuyente debe conservar facturas o justificantes durante al menos cuatro años para acreditar que se cumplen las condiciones.

Es conveniente informarse en la web de la Agencia Tributaria y en el portal de la comunidad autónoma correspondiente, ya que en cada ejercicio se pueden ampliar, suprimir o modificar estas deducciones.

En la declaración de la renta, al rellenar la parte autonómica, se detallan estos conceptos, lo que puede suponer un ahorro notable en la cuota final.

Deducciones para familias, minusvalía, etc. (visión general)

Beneficios para familias

El IRPF reconoce diferentes situaciones familiares que dan acceso a deducciones y bonificaciones.

Algunas de las más comunes y mantenidas en el tiempo son:

- **Deducción por maternidad.** Las madres trabajadoras o que perciban alguna prestación contributiva o asistencial del sistema de protección de desempleo, con hijos menores de tres años pueden percibir de forma anticipada una deducción mensual, o bien aplicarla en la declaración, siempre que cumplan ciertos requisitos de cotización a la Seguridad Social.
- **Deducción por familia numerosa.** Las familias con tres o más hijos (o con dos hijos si uno de ellos tiene discapacidad), pueden aplicar una deducción específica. Asimismo, existen incrementos en el caso de categoría especial de familia numerosa.
- **Deducción por ascendientes o descendientes con discapacidad.** Los contribuyentes con familiares en primer grado que tengan un grado de discapacidad reconocido pueden obtener deducciones que alivian la carga económica que implica su cuidado.
- **Deducción por cuidados de hijos menores o personas dependientes.** En ciertos casos, si se contrata a un cuidador o asistente, y se cumplen los requisitos, pueden existir deducciones adicionales.

- **Deducción por cónyuge con discapacidad a cargo.** Se puede aplicar cuando el cónyuge tiene una discapacidad del 33 % y obtiene ingresos anuales inferiores a 8 000€.

Cada una de estas deducciones está sujeta a condiciones específicas, como el nivel de ingresos, la situación laboral del contribuyente y la acreditación documental de la discapacidad. Por lo tanto, antes de aplicarlas, se debe verificar la normativa vigente del ejercicio.

Personas con minusvalía

Las personas con discapacidad pueden beneficiarse de reducciones de la base imponible por aportaciones a sistemas de previsión social propios o a favor de personas con discapacidad.

Además, existen deducciones en la cuota por gastos específicos de adaptación de la vivienda o de rehabilitación.

El grado de discapacidad reconocido (generalmente 33 %, 65 % o superior) condiciona la cuantía de la deducción y la posibilidad de acceder a determinadas ventajas.

Es imprescindible contar con el certificado oficial de discapacidad emitido por el organismo competente (puede variar según la comunidad, aunque suelen ser los servicios sociales o el IMSERSO).

Compatibilidad y acumulación

Cabe señalar que las deducciones mencionadas no siempre son excluyentes entre sí. Un contribuyente puede disfrutar de varias al mismo tiempo, siempre que cumpla los requisitos.

No obstante, algunas deducciones tienen límites cuantitativos, de forma que no pueden superar cierta parte de la cuota íntegra o de la base liquidable.

Por este motivo, la planificación fiscal anual puede resultar clave para optimizar el importe final que se paga.

Conclusiones

Las deducciones y bonificaciones generales en el IRPF conforman un entramado normativo que, bien utilizado, puede reducir sustancialmente la carga tributaria. Dependiendo de la fuente de rentas, la situación personal y familiar o la comunidad de residencia, el contribuyente puede beneficiarse de reducciones en la base imponible (por ejemplo, aportaciones a planes de pensiones) y/o de deducciones en la cuota (donativos, vivienda, familia numerosa, etc.).

La planificación desempeña un papel esencial. Así, si el contribuyente anticipa que tendrá un rendimiento elevado en un año determinado, puede convenirle realizar aportaciones adicionales a su plan de pensiones para rebajar la base imponible. O, si está considerando una donación a una entidad sin ánimo de lucro, puede decidir el mejor momento para efectuarla.

De igual forma, para los pagos de guardería o de cuidados a personas dependientes, conviene asegurarse de contar con la documentación acreditativa que permita acceder a la deducción.

Las deducciones autonómicas añaden un nivel extra de complejidad, ya que cada Comunidad Autónoma regula aspectos particulares, desde ayudas a la vivienda hasta incentivos a la adopción o a la formación de hijos menores. Mantenerse al día de estos beneficios y aplicar los que correspondan puede suponer una diferencia notable en el resultado final de la declaración, sobre todo en casos como el alquiler de vivienda por parte de jóvenes o la instalación de energías renovables.

Por otro lado, los planes de pensiones tienen un régimen altamente específico, permitiendo deducir (o reducir la base) en el momento de la aportación, para gravar lo rescatado en el futuro como rendimiento del trabajo.

Es una herramienta de ahorro a largo plazo que, cuando se combina con una estrategia de rescate adecuada (para evitar escalar a tramos más altos), puede suponer un gran ahorro fiscal global a lo largo de la vida del contribuyente.

En última instancia, cada declaración de la renta es un puzzle que combina ingresos, deducciones y bonificaciones.

Conocer las reglas básicas es el primer paso para no dejar pasar oportunidades de ahorro y para cumplir adecuadamente con la normativa.

El segundo paso es llevar una documentación adecuada de todos los gastos, aportaciones y certificados, de modo que, ante cualquier requerimiento, el contribuyente pueda acreditar el derecho a las deducciones.

Con una buena planificación y un conocimiento general de las deducciones disponibles, se podrá afrontar la declaración con mayor tranquilidad y la seguridad de estar aprovechando al máximo los beneficios fiscales que la ley contempla.

Asignaciones voluntarias y aportaciones con fines sociales

En el Impuesto sobre la Renta de las Personas Físicas (IRPF) existe la posibilidad de destinar parte de la cuota tributaria a fines concretos sin coste adicional para el contribuyente.

Este mecanismo, conocido habitualmente como "la cruz de la Iglesia" o "la cruz de fines sociales" en la declaración, permite que el ciudadano elija si quiere colaborar con determinadas entidades o proyectos de interés general.

Aunque estas opciones se recogen dentro del documento de la propia declaración de la renta, conviene clarificar en qué consisten, cómo se activan y qué implicaciones tienen para la cuota final que ha de pagar o recibir el contribuyente.

En este capítulo, abordamos las asignaciones voluntarias y las aportaciones con fines sociales desde una perspectiva global, prestando especial atención a la asignación tributaria a la Iglesia Católica, la asignación tributaria a fines sociales y las consecuencias que estas decisiones tienen en el resultado de la declaración.

Asignación tributaria a la Iglesia Católica

Origen y fundamento de la asignación

La posibilidad de asignar parte del IRPF a la Iglesia Católica surge de los acuerdos entre el Estado español y la Santa Sede, reflejados en convenios que se han ido actualizando a lo largo de los años.

Bajo este modelo, el contribuyente puede indicar en su declaración que desea que una porción de su cuota tributaria (tradicionalmente, el 0,7 %) se destine al sostenimiento de la Iglesia Católica.

Es importante entender que este mecanismo no supone un pago adicional para el contribuyente.

Es decir, si se marca la casilla correspondiente, no se incrementa el importe total que debe abonar en su declaración.

Simplemente, de la cantidad que ya se paga al Estado, una fracción se desvía hacia la financiación de las actividades de la Iglesia Católica en España (mantenimiento de templos, labores pastorales, proyectos de caridad, etc.).

Cómo se realiza la asignación

En el documento de la declaración de la renta (generalmente, en las páginas finales de Renta Web o en el borrador), aparece la opción de marcar la casilla correspondiente a la Iglesia Católica.

El contribuyente, de manera libre y voluntaria, decide si la marca o no. En caso de hacerlo, estará eligiendo que el 0,7 % de su cuota íntegra (no de la base imponible) se asigne a la Iglesia.

Aunque en los primeros tiempos solo existía esta opción de asignación para la Iglesia Católica, con el paso de los años se habilitó otra casilla para destinar el mismo porcentaje a fines sociales (ONG y proyectos de interés general).

Además, desde hace tiempo, es perfectamente posible marcar ambas casillas, de modo que un 0,7 % vaya a la Iglesia y otro 0,7 % a fines sociales, sumando así un total del 1,4 %. Si el contribuyente no marca ninguna de las dos casillas, ese 0,7 % (o el 1,4 % si marca ambas) se queda en las arcas generales del Estado.

Destino de los fondos

El dinero recaudado a través de esta asignación se destina esencialmente al sostenimiento económico de la Iglesia Católica, lo que incluye tanto los gastos del culto y el clero como labores sociales y asistenciales que esta institución desarrolla.

Cada año, la Conferencia Episcopal publica un balance de cómo ha empleado los fondos recaudados por este sistema, con el objetivo de dotar de mayor transparencia al proceso.

Asignación tributaria a fines sociales

Finalidad de la asignación a fines sociales

En paralelo a la asignación a la Iglesia Católica, el sistema de la renta en España también habilita una casilla para fines sociales, que corresponde igualmente al 0,7 % de la cuota íntegra del contribuyente.

Seleccionar esta casilla significa que parte de su impuesto se destinará a subvenciones y proyectos de interés social gestionados, en gran medida, por ONG y entidades del Tercer Sector.

Estas iniciativas pueden abarcar un amplio abanico de áreas, asistencia a personas en situación de vulnerabilidad, inclusión social de colectivos desfavorecidos, programas de cooperación internacional, iniciativas de voluntariado, fomento de la igualdad de oportunidades, protección del medioambiente, etc.

El objetivo es que el ciudadano pueda participar, a través de su declaración, en la financiación de proyectos solidarios y de bienestar social.

Compatibilidad con la casilla de la Iglesia

Como se mencionó antes, es posible marcar simultáneamente las dos casillas, la de la Iglesia y la de fines sociales, lo que supone un destino doble de la misma cuota tributaria, un 0,7 % para la Iglesia Católica y otro 0,7 % para fines sociales, es decir, 1,4 % en total. Esto no incrementa la cuota a abonar o disminuir; simplemente, reparte los fondos que corresponden al impuesto en dos direcciones.

Por otro lado, si el contribuyente no marca ninguna de las dos, no habrá asignación específica y ese porcentaje quedará en la Hacienda Pública de manera general, sin un fin concreto adicional.

Transparencia y seguimiento

Las entidades beneficiarias de estos fondos sociales están obligadas a presentar memorias de actividad y justificar el uso de los recursos ante los organismos que gestionan las convocatorias de subvenciones (habitualmente, el Ministerio de Derechos Sociales y Agenda 2030 o el departamento equivalente).

De esta forma, se persigue un uso adecuado de los fondos públicos y se potencia la labor social de organizaciones sin ánimo de lucro a nivel nacional e internacional.

Implicaciones en la cuota del IRPF

¿Aumenta la cantidad a pagar o disminuye la devolución?

Una de las dudas más frecuentes entre los contribuyentes es si marcar una o ambas casillas repercute en un aumento del importe a pagar o en una disminución de la devolución que, en su caso, se reciba de Hacienda.

La respuesta es clara, no.

Ni se paga más ni se reduce la devolución por marcar estas casillas.

¿Por qué sucede esto? Porque la asignación a la Iglesia o a fines sociales no es una donación adicional, sino una asignación de lo que ya corresponde abonar por IRPF.

Dicho de otro modo, el resultado final de la declaración (sea a ingresar o a devolver) no varía si se marcan estas opciones.

El 0,7 % (o el 1,4 %) se detrae del mismo dinero que el contribuyente iba a aportar.

Efecto en la recaudación

Lo que sí cambia es el destino de parte de la recaudación.

El Estado, al recibir todo el IRPF recaudado, transfiere el importe correspondiente a la Iglesia o a los fines sociales según las casillas que los contribuyentes hayan marcado.

En el caso de la Iglesia, el acuerdo entre el Gobierno y la Conferencia Episcopal define este procedimiento.

Para los fines sociales, se abren convocatorias de subvenciones que las ONG solicitan y justifican, conforme a la normativa específica.

Si el contribuyente no marca ninguna de las dos, el 0,7 % de su cuota no se transfiere a ningún fin concreto y se integra en los ingresos generales del Estado.

De ahí la relevancia de conocer esta opción y de ejercerla de manera consciente, si así se desea.

Posible combinación de opciones

En la declaración de la renta, existen tres combinaciones básicas:

- **No marcar ninguna casilla.** Todo el importe se queda en la recaudación general.
- **Marcar únicamente la casilla de la Iglesia o únicamente la de fines sociales.** Un 0,7 % de la cuota se asigna al fin elegido.
- **Marcar ambas casillas.** Se dedican dos veces el 0,7 % de la cuota, esto es, el 1,4 % en total, repartido entre la Iglesia y fines sociales.

En cualquiera de las combinaciones, el contribuyente no verá alterado el resultado final de su declaración. La diferencia radica únicamente en la manera en que se destinan esos fondos que se generan a partir de su tributación.

Reflexión sobre la decisión

La asignación tributaria supone un ejercicio de libertad y responsabilidad. El contribuyente puede, si lo considera oportuno, marcar estas casillas para apoyar proyectos sociales o el sostenimiento de la Iglesia Católica. O, por el contrario, puede optar por dejar que sea el Estado quien administre esa parte de la recaudación sin finalidad específica.

Desde el punto de vista de la participación ciudadana, este sistema de asignación tributaria representa una vía para que cada persona exprese, a través de su contribución fiscal, un cierto apoyo a la labor social o religiosa que se lleva a cabo. Por ello, es recomendable que el contribuyente conozca las opciones y elija con criterio.

Conclusiones

Las asignaciones voluntarias y las aportaciones con fines sociales dentro del IRPF constituyen un mecanismo único de colaboración ciudadana en la financiación de proyectos religiosos y sociales.

A diferencia de una donación o un pago complementario, aquí no se produce un desembolso adicional por parte del contribuyente, sino que se decide sobre el destino de un pequeño porcentaje de la cuota tributaria que, de cualquier forma, ya se habría pagado.

La asignación a la Iglesia Católica se basa en convenios específicos entre el Estado y la Santa Sede, mientras que la asignación a fines sociales responde a la voluntad de impulsar proyectos solidarios y de interés general gestionados por ONG.

Si se desea, se pueden marcar ambas casillas, destinando así un 1,4 % del IRPF a estos fines, sin que el contribuyente vea afectado el resultado económico de su declaración.

Desde el punto de vista administrativo, el contribuyente únicamente tiene que buscar la sección correspondiente en el borrador o en la declaración telemática, y marcar la casilla de la Iglesia, la de fines sociales o ambas a la vez, o no marcar ninguna.

Cualquiera de las cuatro decisiones es perfectamente legítima y no conlleva cambios en la cantidad final que se debe abonar o recibir.

En definitiva, la elección de apoyar uno, ambos o ninguno de los fines propuestos queda en manos del ciudadano, quien puede ejercer así un pequeño acto de colaboración social o religiosa sin coste extra.

Tanto la Iglesia Católica como las entidades que operan con fines sociales ofrecen periódicamente informes y memorias de actividad para mostrar en qué se emplean estos recursos.

De esta manera, se asegura una mayor transparencia y se fomenta la confianza en un sistema que, en última instancia, facilita el vínculo entre la fiscalidad y el interés colectivo.

Procedimiento práctico. Cómo presentar la declaración

En el ámbito del Impuesto sobre la Renta de las Personas Físicas (IRPF), la correcta presentación de la declaración anual es el acto administrativo fundamental que culmina con la liquidación definitiva del impuesto. Aunque muchos contribuyentes pueden tener un amplio conocimiento de las fuentes de renta y de las deducciones aplicables, la fase de presentación es la que reúne todo ese conocimiento y lo vuelca en un documento formal, ya sea en formato electrónico o en papel (siempre menos habitual).

En este capítulo, analizaremos las herramientas oficiales más empleadas (Renta Web, Cl@ve PIN…), los pasos básicos para confeccionar la declaración, la importancia de revisar y confirmar los datos fiscales y, finalmente, los plazos de presentación y formas de pago o devolución.

Herramientas oficiales (Renta Web, Cl@ve PIN, etc.)

Renta Web. La aplicación estrella

Desde hace varios años, la Agencia Tributaria ofrece a los contribuyentes la plataforma Renta Web, un servicio en línea que sustituye a los antiguos programas de ayuda (el ya obsoleto

"PADRE") y que permite tramitar la declaración de IRPF directamente desde el navegador.

Para acceder a Renta Web, el contribuyente puede utilizar distintos métodos de identificación, certificado digital, DNI electrónico o sistemas de identificación como Cl@ve PIN o la referencia que facilita la propia Agencia Tributaria.

Las ventajas de Renta Web son evidentes:

- **Acceso a los datos fiscales.** La Agencia Tributaria pone a disposición del declarante gran parte de la información recabada de empresas, bancos, aseguradoras y otras fuentes (rendimientos del trabajo, retenciones, etc.).
- **Presentación telemática.** El contribuyente rellena la información que falte, corrige la que sea inexacta y envía la declaración al instante, obteniendo un justificante de presentación.
- **Actualizaciones automáticas.** Cualquier cambio normativo se incorpora a la aplicación, minimizando la posibilidad de errores de cálculo.

Cl@ve PIN. Identificación para trámites rápidos

El sistema Cl@ve PIN es una de las maneras más sencillas de acceder a Renta Web o a otros servicios de la Administración. Consiste en un registro previo del contribuyente (que puede realizarse presencialmente o por internet si se dispone de certificado digital), tras el cual puede generar una clave temporal para cada sesión. Este código se envía al móvil del usuario, permitiendo iniciar sesión sin necesidad de recordar contraseñas complejas.

Cl@ve PIN se ha popularizado porque resulta cómodo y seguro, y además evita tener que adquirir un certificado digital, que puede ser más engorroso de instalar y mantener. Sin embargo, para quienes realizan trámites con frecuencia o necesitan firmar documentos a terceros niveles (por ejemplo empresas), el certificado digital sigue siendo una herramienta muy útil.

Otros medios de autenticación

Además del certificado digital y Cl@ve PIN, el contribuyente puede identificarse con una referencia que le facilita la Agencia Tributaria, habitualmente obtenida a partir de la casilla de la declaración del año anterior o con datos de su número de cuenta. No obstante, si se quiere actuar como representante de otra persona o de una empresa, es fundamental disponer de un certificado electrónico o de un apoderamiento registrado ante Hacienda.

Pasos básicos para la confección de la declaración

Acceder a los datos fiscales

El primer paso consiste en acceder a Renta Web (o la aplicación oficial disponible en la web de la Agencia Tributaria) e identificarse mediante el método preferido (Cl@ve PIN, certificado digital…).

Una vez dentro, el sistema ofrece la posibilidad de "cargar datos fiscales", que son los que la Agencia Tributaria ha recopilado durante el ejercicio fiscal. Por ejemplo, se reflejan los rendimientos del trabajo según los certificados emitidos por los empleadores, los rendimientos de capital mobiliario (bancos, aseguradoras), los rendimientos de actividades económicas, si se han declarado en los modelos trimestrales, etc.

Incorporar o modificar información

A continuación, el declarante debe revisar si todo lo que aparece en los datos fiscales es correcto y completar la información que falte.

Es muy habitual, por ejemplo, que la Agencia Tributaria no disponga de datos sobre determinados gastos deducibles, deducciones autonómicas o situaciones personales que afectan al IRPF (nacimiento de hijos, minusvalías, etc.). En este paso, el contribuyente debe asegurarse de que la declaración refleje su realidad económica y familiar.

Revisar las deducciones

El sistema de Renta Web suele guiar al usuario por apartados (rendimientos del trabajo, del capital, de actividades económicas, vivienda, deducciones familiares y autonómicas, etc.).

Conviene no pasar por alto las secciones de deducciones, pues a menudo ahí se produce el mayor ahorro fiscal. Es el momento de incluir donativos a ONG, deducciones por familia numerosa, por alquiler de vivienda (si la comunidad lo prevé), etc.

Cálculo provisional de la declaración

Una vez introducida toda la información, la herramienta permite ver un cálculo provisional. Se muestra si el resultado final es a ingresar o a devolver, y se detalla la parte estatal y la parte autonómica de la cuota. Si se desea, el contribuyente puede guardar la declaración para revisarla más tarde antes de presentarla.

Presentación de la declaración

Tras confirmar los datos, basta con pulsar el botón de "Presentar" para culminar el proceso. Renta Web genera un recibo de presentación o un número de referencia (el CSV) que acredita que la declaración se ha presentado correctamente y en fecha.

Revisión y confirmación. Comprobación de datos fiscales

Verificación de la información oficial

Aunque la Agencia Tributaria dispone de una gran cantidad de datos (certificados de retenciones, información de bancos y entidades financieras), es el contribuyente quien asume la responsabilidad de que su declaración sea veraz y completa.

Por tanto, es crucial comparar los datos que Renta Web propone con los certificados y justificantes que cada persona o familia pueda tener.

Por ejemplo:

• Certificado de retenciones de la empresa o empresas donde se haya trabajado.
• Extractos bancarios con intereses, dividendos o plusvalías generadas.

- Justificantes de pagos de hipoteca (si se mantiene el derecho a deducción por vivienda de ejercicios pasados).
- Contratos de alquiler y gastos relacionados (si se declaran rendimientos del capital inmobiliario).
- Modelos trimestrales (130 o 131) para comprobar los ingresos y gastos de la actividad económica.

Errores comunes y correcciones

Algunos de los errores más habituales que detecta la Agencia Tributaria en las declaraciones proceden de:

- Omisión de rendimientos (por ejemplo, una cuenta bancaria en el extranjero que no se ha incluido).
- Datos personales incompletos (como el estado civil o el número de hijos).
- Deducciones mal aplicadas (se aplican sin cumplir los requisitos, o se dejan de aplicar por desconocimiento).

Si, tras presentar la declaración, se detecta cualquier error u omisión, se puede tramitar una rectificación de autoliquidación mientras el plazo de presentación esté abierto, o incluso posteriormente (con ciertas particularidades).

Plazos de presentación y formas de pago/devolución

Calendario de la campaña de la renta

Cada año, la Agencia Tributaria publica un calendario en el que fija las fechas de inicio y fin de la campaña de la renta. Por lo general, la campaña arranca entre abril y mayo, permitiendo ya la presentación telemática de la declaración, y concluye a finales de junio o en la primera semana de julio, según el calendario exacto que se apruebe.

- **Inicio.** Acceso a Renta Web, confirmación de borradores, solicitud de cita previa para atención telefónica, etc.
- **Tramitación.** El contribuyente puede presentar la declaración en cualquier momento dentro del plazo.
- **Fin de plazo.** Suele rondar la última semana de junio para aquellas declaraciones con resultado a ingresar con domiciliación bancaria; puede extenderse unos días más para declaraciones a devolver o a ingresar sin domiciliación.

Formas de pago

Si la declaración resulta a ingresar, el contribuyente puede optar por diferentes formas de pago:

- **Domiciliación bancaria.** Autorizar a la Agencia Tributaria para cargar el importe en la cuenta. Hay un plazo específico para esta modalidad, generalmente hasta unos días antes del fin de la campaña.
- **Pago fraccionado.** Se puede fraccionar el pago en dos partes sin intereses, el 60 % en el momento de presentar la declaración y el 40 % restante, unos meses después (normalmente, en noviembre).
- **Pago directo.** Se obtiene un NRC (Número de Referencia Completo) en la entidad bancaria y se presenta telemáticamente el justificante de pago.

Devoluciones

Si la declaración resulta a devolver, el contribuyente debe indicar la cuenta bancaria en la que desea recibir el importe correspondiente. La Agencia Tributaria, una vez comprobado que la declaración no presenta irregularidades, tramita la devolución.

El plazo legal para hacerlo se extiende hasta final de año, pero lo habitual es que, cuando la declaración no tiene incidencias, la devolución se efectúe en pocas semanas o incluso en unos días.

Fuera de plazo

Presentar la declaración fuera del plazo establecido conlleva recargos e intereses de demora, y si el contribuyente resulta "invitado" a presentar la declaración tras el vencimiento, pueden imponerse sanciones. Por ello, es esencial marcar en la agenda las fechas de la campaña y no retrasar el trámite sin justificación.

Conclusiones

La presentación de la declaración de la renta (IRPF) es el acto final de todo el proceso de cálculo y liquidación del impuesto.

Gracias a herramientas como Renta Web y sistemas de identificación en línea (Cl@ve PIN, certificado digital, referencia), la Agencia Tributaria pretende simplificar al máximo esta tarea, poniendo al alcance del contribuyente buena parte de los datos fiscales ya contrastados.

Sin embargo, la responsabilidad última de comprobar la exactitud de dichos datos y de incluir la información faltante recae sobre el declarante. De ahí la importancia de conservar certificados, recibos y facturas para corroborar los rendimientos, gastos y deducciones que se pretenden reflejar en la declaración.

Los pasos básicos para la confección de la declaración comprenden:

- Acceder a la plataforma (Renta Web) y revisar los datos fiscales.
- Incluir o corregir la información necesaria (deducciones, retenciones, etc.).
- Realizar un cálculo provisional y confirmar el resultado.
- Presentar electrónicamente (o, en casos muy específicos, en papel) la declaración.

En cuanto a los plazos y formas de pago o devolución, es primordial ceñirse al calendario oficial y, si corresponde ingresar, elegir entre las opciones disponibles (domiciliación, pago fraccionado...).

Si la declaración es a devolver, la Agencia Tributaria suele proceder a ingresar el importe en la cuenta designada en unas semanas, salvo que requiera verificaciones adicionales.

En definitiva, la elaboración y presentación de la declaración de la renta puede ser un proceso relativamente ágil si se dispone de la información y la documentación adecuadas, y si se aprovechan las facilidades telemáticas.

Para casos complejos o declaraciones con numerosos rendimientos y deducciones, contar con asesoramiento especializado puede marcar la diferencia, pero, incluso en tales situaciones, las herramientas oficiales proporcionan un punto de partida muy valioso para cumplir con nuestras obligaciones fiscales de manera ordenada y segura.

Errores comunes y cómo evitarlos

La presentación de la Declaración de la Renta puede convertirse en un auténtico rompecabezas, sobre todo cuando no se tienen claros los conceptos básicos o se descuidan los detalles formales.

Aunque las herramientas actuales, como Renta Web, facilitan considerablemente el proceso, existen fallos frecuentes que pueden acarrear consecuencias desagradables, desde sanciones económicas hasta la obligación de realizar declaraciones complementarias.

En este capítulo, nos centraremos en tres puntos clave, las omisiones de ingresos y gastos, las declaraciones fuera de plazo (con sus sanciones asociadas) y la importancia de contar con la documentación adecuada para justificar los importes declarados.

Omisiones de ingresos y gastos

Motivos de la omisión

Uno de los errores más comunes que puede cometer un contribuyente al confeccionar la Declaración de la Renta es olvidarse de incluir determinados ingresos o gastos deducibles. Esto sucede por diversas razones:

- **Desconocimiento.** El contribuyente ignora que cierto tipo de ingreso (por ejemplo, intereses de una cuenta bancaria en el extranjero) es tributable o que puede deducir algunos gastos vinculados a un inmueble alquilado.
- **Falta de organización.** Hay quienes no llevan un registro continuo de los pagos que reciben o de las facturas que pagan.
- **Inexistencia de datos fiscales.** La Agencia Tributaria, en sus datos precargados, a veces no dispone de toda la información, y si el contribuyente no la añade por su cuenta, puede incurrir en una omisión involuntaria.

Consecuencias de no declarar adecuadamente

La ausencia de ciertos ingresos conlleva que la cuota resultante sea menor de lo que debería, provocando un perjuicio para la Hacienda Pública que puede derivar en sanciones si se detecta en un control posterior.

Por otro lado, no declarar gastos deducibles (como, por ejemplo, gastos de reparación en un inmueble alquilado o deducciones familiares) también es un error que, aunque no comporta sanción, hace que el resultado sea menos favorable para el contribuyente, quien paga de más sin razón.

Cómo evitarlo:

- **Llevar un registro ordenado.** Archivar facturas, extractos bancarios y recibos de manera organizada permite no perder de vista ningún ingreso ni gasto.
- **Revisar los datos fiscales.** Renta Web proporciona información suministrada por empresas, bancos, etc. Siempre

hay que cotejarla con la documentación propia para ver si falta algo o si hay datos erróneos.

- **Conocer las reglas de cada tipo de renta.** Saber qué gastos son deducibles y cómo tributan cada uno de los ingresos (rendimientos del trabajo, actividades económicas, capital mobiliario e inmobiliario, etc.) ayuda a no dejar nada fuera de la declaración.

Declaraciones fuera de plazo y sanciones

Plazos de presentación y sus implicaciones

Cada año, la Agencia Tributaria publica un calendario de la campaña de la Renta, que fija la fecha de inicio y fin para la presentación voluntaria de la declaración. Suele comprender aproximadamente desde abril hasta finales de junio (o inicios de julio, según el ejercicio). Cualquier presentación fuera de ese plazo se considera extemporánea y puede acarrear recargos, intereses de demora y, en algunos casos, sanciones.

Tipos de presentación fuera de plazo

- **Declaración extemporánea sin requerimiento previo.** Ocurre cuando el contribuyente, por su propia iniciativa, presenta la declaración una vez terminado el periodo voluntario. En este caso, la normativa contempla un recargo que aumenta con el paso del tiempo (un 1% por cada mes de retraso hasta los 12 primeros meses, que ya sería del 15% más intereses de demora.). Si la declaración es a devolver, la penalización puede concretarse en forma de sanción.

- **Declaración extemporánea con requerimiento previo.**
Si es la propia Agencia Tributaria quien detecta que no se ha presentado la declaración y envía un requerimiento, las sanciones pueden ser más severas, pudiendo llegar a un porcentaje fijo de la cuota (normalmente, a partir del 50 % en adelante, según la gravedad).

Forma de subsanar

La mejor manera de afrontar un retraso es presentar cuanto antes la declaración extemporánea de forma voluntaria.

De esta forma, se consigue un recargo menor que si es la Agencia Tributaria la que exige la presentación.

Además, es aconsejable informarse de las posibles fracciones de pago o solicitar aplazamientos si la cuota a ingresar es elevada.

Cómo prevenir declaraciones tardías

- **Planificar con tiempo.** No dejar la declaración para los últimos días.
- **Consultar el calendario oficial.** La Agencia Tributaria publica las fechas exactas de la campaña de renta y los plazos de domiciliación.
- **Utilizar recordatorios.** Anotar en la agenda o en el calendario digital los plazos clave (inicio y fin de campaña).

Falta de documentación y justificaciónde gastos

Por qué es tan importante la documentación

Cuando hablamos de declarar ingresos y gastos, no basta con introducir una cifra en la declaración, hay que poder justificar su veracidad en caso de que la Agencia Tributaria inicie un proceso de comprobación.

Es aquí donde la documentación juega un papel esencial. Facturas, recibos, contratos, certificados de retenciones o gastos son la base que respalda cada uno de los importes consignados en la declaración.

Errores frecuentes

- **No conservar facturas o justificantes.** Algunos contribuyentes tiran los justificantes de compra o de pago, olvidando que deben guardarlos por lo menos cuatro años (plazo de prescripción).
- **Declarar gastos sin factura oficial.** En algunos casos, el gasto puede ser rechazado por la Agencia Tributaria si no se dispone de una factura formal que cumpla con todos los requisitos (número de factura, desglose de impuestos, datos del emisor y del receptor, etc.).
- **No poder acreditar situaciones personales.** Para aplicar ciertas deducciones, como las familiares o por discapacidad, se puede requerir un certificado oficial (familia numerosa, grado de minusvalía, etc.). Si no se dispone de esos documentos, la deducción puede ser denegada.

Cómo asegurarse de que todo está en regla

- Crear un archivo o carpeta con toda la documentación relevante de cada ejercicio fiscal.
- Registrar cada factura que se quiera deducir, especialmente si se trata de rendimientos de actividades económicas o gastos deducibles en alquileres.
- Solicitar justificantes oficiales de retenciones e ingresos a todas las empresas o entidades con las que se colabore.
- Mantener al día los certificados de situación familiar, grado de discapacidad, etc.

Comprobaciones e inspecciones

La Agencia Tributaria tiene potestad para iniciar un proceso de comprobación o inspección si identifica discrepancias o indicios de irregularidad. Durante ese proceso, el contribuyente debe exhibir toda la documentación que acredite su declaración. En caso de no poder aportarla, corre el riesgo de que se le anulen deducciones o se le imputen ingresos no declarados, con la sanción o el recargo subsiguiente.

Consejos finales:

- **Organización continua.** No esperes al final del ejercicio para recopilar la información. Mantener un registro trimestral o mensual de los ingresos y gastos, así como de la documentación necesaria, ahorra muchos problemas a la hora de declarar.
- **Verificar los datos fiscales en Renta Web.** Aunque la Agencia Tributaria dispone de bastante información, no siempre está actualizada o completa. Contrasta los datos con tus propios documentos para evitar omisiones.

- **Atención a los cambios normativos.** La legislación tributaria se modifica con frecuencia. Lo que este año es deducible puede que no lo sea al siguiente, y viceversa.
- **Asesoramiento profesional.** Si la declaración es compleja (por tener múltiples fuentes de ingresos, regímenes especiales, herencias, etc.), conviene recurrir a un asesor fiscal o gestor especializado. La inversión puede compensar ampliamente los posibles errores que se evitan.
- **No "confundas" los plazos.** Cada modelo tributario (pagos fraccionados, retenciones, declaraciones de IVA, etc.) tiene su propio calendario, y el IRPF no es una excepción. Programa las fechas de forma clara para no incurrir en retrasos.
- **Rectificación y complementarias.** Si tras presentar la declaración descubres un error, es posible realizar declaraciones complementarias o solicitar una rectificación de la autoliquidación dentro de ciertos plazos. No lo dejes pasar, pues siempre es mejor corregir voluntariamente que esperar a un requerimiento oficial.
- **Atención a la información internacional.** Aquellos que tienen cuentas, inversiones o propiedades en el extranjero deben prestar especial atención a la Declaración de la Renta, incluyendo los modelos informativos (por ejemplo, el Modelo 720, si corresponde) y declarando debidamente las rentas que generen.

Conclusión

Los errores en la Declaración de la Renta pueden tener un coste económico y de tiempo considerable. La omisión de ingresos (o de gastos deducibles), la presentación fuera de plazo o la falta de documentación justificativa son, sin duda, los deslices más habituales que, además, pueden suscitar la atención de la

Agencia Tributaria. Afortunadamente, todos ellos se pueden prevenir con un mínimo de organización, conocimiento básico de la normativa y, en caso necesario, la guía de un profesional.

Siguiendo unas pautas elementales —como llevar un control de los ingresos y gastos, conservar facturas y recibos, contrastar los datos fiscales con los propios documentos y no esperar al último momento— se reduce en gran medida el riesgo de cometer fallos.

El cumplimiento fiscal no solo es una obligación legal, sino también un factor de tranquilidad para el contribuyente, que evita multas y recargos e incluso puede disfrutar de beneficios fiscales que desconoce si no presta atención a los detalles de su propia declaración.

En definitiva, ser meticuloso y estar informado es la mejor garantía para que el encuentro anual con la Agencia Tributaria sea lo más sencillo y exento de complicaciones posible.

PATROCINIO

"No pagues más en tu Declaración de la Renta"

Tu declaración de la renta en las mejores manos. En nuestro servicio de declaración de renta, nos aseguramos de que no pagues de más. Nuestro equipo de expertos se mantiene actualizado con las últimas normativas fiscales para maximizar tus beneficios y deducciones. Evita el estrés y el tiempo perdido tratando de descifrar complejidades fiscales y asegúrate de que tu declaración esté libre de errores que puedan costarte dinero.

https://www.optirenta.es